现代医院文档管理

张 蔚 编著

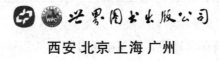世界图书出版公司

西安 北京 上海 广州

图书在版编目（CIP）数据

现代医院文档管理 / 张蔚编著 . —西安：世界图书出版
西安有限公司 , 2021.12
ISBN 978-7-5192-8488-6

Ⅰ . ①现… Ⅱ . ①张… Ⅲ . ①医院—文书档案—档案
管理 Ⅳ . ① G275.9
中国版本图书馆 CIP 数据核字（2021）第 267627 号

书　　名	现代医院文档管理	
	XIANDAI YIYUAN WENDANG GUANLI	
编　　著	张　蔚	
责任编辑	王　娜　王　锐	
装帧设计	新纪元文化传播	
出版发行	世界图书出版西安有限公司	
地　　址	西安市高新区锦业路 1 号都市之门 C 座	
邮　　编	710065	
电　　话	029-87214941　029-87233647(市场营销部)	
	029-87234767(总编室)	
网　　址	http://www.wpcxa.com	
邮　　箱	xast@wpcxa.com	
经　　销	全国各地新华书店	
印　　刷	陕西华彩本色印务有限公司	
开　　本	787mm×1092mm　　　1/16	
印　　张	9	
字　　数	177 千字	
版　　次	2022 年 1 月第 1 版	
印　　次	2022 年 1 月第 1 次印刷	
国际书号	ISBN 978-7-5192-8488-6	
定　　价	62.00 元	

前　　言

　　随着经济社会的不断进步，医疗行业的发展日新月异。医学科学技术的提高、人民对健康质量的追求，日益推动着医院的建设，同时也给医院管理带来了前所未有的挑战。由于医院文件资料的特殊性，文档管理作为医院管理工作的一部分，更是发挥着重要作用。本书通过对文档管理工作的基础原理、原则、相关操作和方法，以及文档管理工作在医院中的运用的叙述，旨在为现代医院规范档案管理工作提供帮助。

　　本书共分为八个章节，内容围绕文档管理工作概述，档案管理学基础理论及工作概论，档案管理过程中的收集、归档、整理、鉴定、保管、编研和利用方面的基础与操作，以及医院档案管理工作的相关制度示例等展开阐述。本书将档案管理学理论研究的深刻认识及描述与现代医院发展需求结合起来，对档案管理活动中存在的问题，进行探索并尝试提出解决问题的思路和方法，同时也注重体现档案管理中不同领域的不同管理办法。本书可作为档案学、文秘、行政管理等专业的学习资料，以及机关办公室业务和档案业务培训等的参考资料。

　　档案作为一种现代化资源，在管理工作中发挥着不可估量的作用。随着科技化、信息化的广泛深入，更规范、更先进的管理途径是档案管理工作的发展趋势之一。如何使档案工作趋于成熟，实现整体规范化管理，仍需我们继续探索与努力。

张　蔚

2021 年 10 月

目　录
Contents

第一章 什么是文档

第一节 文 书

一、文书的概念

文书指公文、书信、契约等，或从事公文工作的岗位。按文书使用者的身份，可以将其分为私人文书和公务文书。私人文书是个人或者家庭、家庭在其活动中形成和使用的文书，如书信、自传、遗嘱、家谱、著作手稿、房契、地契等。公务文书即公文，也称为狭义的文书。

二、文书的种类

1. **法律文书** 是国家司法机关在处理刑事、民事、经济各类案件时，依照法律规定的程序而制作或发布的、具有法律效力或者虽无法律效力但有法律意义的书面文件；是代表国家意志，忠诚地体现国家法律精神，遵循法律规定为付诸实施某一法律行为，能引起一定法律后果而制作的文书。

2. **商业文书** 是由商业的实际工作所决定的，不管是通知、布告、报告、请示，或是总结、简报、通信、消息、商业经济论文等都应与商业工作有关，体现出"商"字来。

3. **军用文书** 是指军队内部以及与军外单位往来所使用的行文的总称。它是指挥作战、组织训练、指导工作、互通情报、积累资料的重要工具。

4. **公关文书** 是用于沟通、增进、改善本企业与公众关系的文字材料。

5. **公函** 用于与同级单位、部门或不相隶属的单位，部门之间的联系和商办事宜。

三、公文的分类

第一，按照作用可以将公文划分成通用公文与专用公文两部分。通用公文是各个领域的机关和部门普遍使用的，反映领导和行政管理活动的文件材料。通用公文又可以划分成法定公文与非法定公文两部分。法定公文是指现行的《条例》和《办法》等法规文件中规定使用的文种，《条例》中规定党政机关可用于的公文有14种，《办法》中规定行政机关可用于的公文有13种。剔出二者重合的部分，计有命令（令）、公告、决定、决议、通知、通告、通报、报告、公报、议案、批复、请示、意见、函、会议纪要、指示、条例、规定共18种。非法定公文是与法定公文相对而言的名称，也称机关常用公文，是指《办法》和《条例》规定的18种之外但又在机关中经常使用的其他公文，如计划、总结、简报等。专用公文是一些专业领域机关或其中专业对口的部门在专有、专业、专项活动中产出的文书资料。这类文书具有很强的专业特点，如司法文书、对外文书、统计文书、经济文书、会计文书、军事文书、科技文书等。

第二，按行文方向可以将公文分为下行文、平行文和上行文三类。下行文是上级组织对所属的下级组织的行文，如命令、通知、指示等。平行文是不相求属的社会组织包括平级组织之间的行文，如行政公文中的函。上行文是下级组织向上级组织的行文，如请示、报告等。

第三，按来源和使用范围可以将公文分为外发文件（发文）、手来文件（收文）和内部文件三类。一个社会组织为了完成自己的职责范围内的任务，一方面要与上下级和同级有关组织进行联系，另一方面要在组织内部进行分工、安排工作。前者形成的是发文和收文，它们反映本组织与其他组织活动的联系；后者形成的是内部文件，反映组织内部的活动。属于内部文件的有计划、总结、会议记录等。

第四，按照功能性质可以将公文分为法规性文公、指挥性公文、部署性公文、知照性公文、报请性公文、批答性公文和奖惩性公文。法规性公文分为宪法、法律和规章，如条例、办法、章程等；指挥性公文是上级对下级发布指令，要求强制执行的公文，如指示、命令、决议；部署性公文主要是上级对下级布置工作、安排事务、处理问题而发的具有领导性、指导性、落实性的公文，如决定、通知、意见；知照性公文是指广泛面向群众，用于告知事项、通报情况、沟通交流有效信息，表明态度与立场，以此为凭证的告谕性公文，如公告、通知、公报、会议纪要；报请性公文是上行公文，主要是向上级报告情况、请求事项的公文，有报告和请示两种；批答性公文是社会组织同意、批准、答复下级或者其他组织请求、询问等的公文，主要有批复、复函；奖惩性公文是要表扬先进、批评错误，要求有关组织和人员学习先进、发扬成绩，或在工作中吸取教训的公文，奖惩性公文主要包括决定及通报。

第五，按照时限要求可以将公文分为紧急公文和普通公文。公文内容有时限要求，需迅速办理的，称为紧急公文。紧急公文又可以分为特急、急件两种。没有特别时限要求的公文，则称普通公文。

第六，按机密程度可以将公文分为机密公文和普通公文。机密公文按照机密程度，可分为机密公文、绝密公文、秘密公文三种。机密、绝密、秘密公文又称保密文件，是指内容涉及党和国家的机密，需要控制告密范围和知密对象的文件。没有密级的公文，则称普通公文。

四、文书工作

（一）什么是文书工作

文书工作就是文书处理的一系列程序性的活动，包括收文、发文、整理与归档工作。文书处理，又称文件处理、文件管理、公文处理、文书工作，是宣传机关工作的一个重要方面，它要求简明、精确而有条理地办理与管理文书事务，为有效地推进机关工作服务；是国家有关机关或社会公众组织制作、传递、使用、保存或销毁文件等行为的总称；是构成行政管理的重要部分之一。文书工作的完成效果对国家有关机关或社会公众组织工作的开展有一定影响。

其主要的工作内容有文件的收发、登记和分送。文件的拟办、批办、承办和催办。文件的签发、缮印、校对和盖印。会议、汇报、电话的记录与整理。文件的平时归卷、提供借阅与保管。文件的系统整理、编目与归档。

（二）文书工作的性质

1. 政治性　首先，文书工作直接关系到党和国家的方针和政策的贯彻执行。文书工作是以公文的形式下达和公布国家的方针、政策和法令，是贯彻执行方针、政策和法令的基础，国家机关制发文书是为了贯彻一定的意图，达到一定的政治目的。其次，文书工作的政治性表现在它是国家机器正常运转的重要保证。国家机器的正常运转，很大程度上是通过公文的传递与处理进行的，否则，党和国家的意志就无法准确地传递到国家的各个职能部门，党和国家的方针、政策等也就无法得到很好的执行。

2. 机要性　由于文书的内容有可能涉及国家机密，因此，文书工作也就具有了机要性。这就要求工作人员在对文书进行处理时，要特别注重对文书内容的保密，防止泄密，这也是文书机密性得以实现的保障。

3. 时限性　文书的制发一般都有一定的时间限制，因而文书工作的时限性很强。所以，工作人员对文书的处理一定要及时，不得拖延贻误，否则，文书将失去效力。例如，会议通知若是在会后才制发出来，则没有任何意义。

4. 规范性　文书工作的规范性是指文书在形成、处理和管理等环节中都有相应的标准。按照相应的标准办理公文，是文书处理工作科学、高效、有序进行的保证。

（三）文书工作的特征

文书工作是机关行政工作的重要手段和重要环节。它与领导决策和下级贯彻紧密相连，是沟通内外、上下、左右的纽带之一。其工作特点有以下五种。

1. 准确性　准确是对文书工作基本要求。文书工作在政治上、文字上、运转处理上要保证高质量就必须准确周密地处理文书。

2. 及时性　处理工作必须有一种紧迫的时间观念，要迅速、及时地解决问题，反对拖拖拉拉、公文旅行、迟缓停滞、积压不动。

3. 简化性　要认真精简文件，做到可发、可不发的文件坚决不发。凡在职责范围内的工作，应当果断处理。

4. 保密性　要确保公文处理过程中的秘密安全，严格保守党和国家机密。在文件运转交接过程中应当严格登记，履行签收手续，明确责任，以免造成失密、泄密。

5. 中间性　文书工作负责上下级以及左邻右舍的沟通，其定位犹如喉舌、传声筒。

第二节　档　案

一、档案是什么

档案是在一系列社会活动中由机关、组织以及个人构成的，以历史记录的形式保存起来用以查核考究的，作为凭证文字、图像、声音等的文书和信息材料。

一般，档案是指人们在社会活动中通过各种形式直接形成的原始记录，具有一定保存价值。原始记录性是其本质属性。从古至今，档案的称谓随着各个朝代有所更迭。商代称作"册"，秦汉称作"典籍"，自汉魏起又称作"文书""文案""案牍""案卷""簿书"，清代至今统一称作"档案"。"直接形成"说明档案继承了文件的原始性，"历史记录"说明档案在保留原始文件时，也保留了文件的记录性，从而重现历史的真实面貌。正因此，档案因其重现历史的特性，具有凭证价值这一重要属性。

二、档案的定义

档案的定义可以从几个不同的角度来诠释，依据其出发点与角度来划分，可以归纳为五种类型：法规型、辞书型、教科书型、专著型、论文型。而从档案概念内涵的构成要素而论，又分为两种类型：①限制型。强调具有永久保存价值的，并保存在档案馆等特定场所的历史文件才是档案。如国际档案理事会主持编纂的《档案术语词典》（1984）将档案定义为"由形成者或其职能的继承者为自己利用、或由适当的档案馆因其档案价值，而保存的经过挑选或未经挑选的非现行文件"。②宽舒型。不限定永久保存价值和保存地点等因素，保存在任何地方的、具有一定保存价值的历史文件，均为档案。如《法兰西共和国档案法》（1979）规定："任何自然人或法人，任何国家机关或组织，任何私人机构或部门，在自身活动中产生或收到的文件整体，不管其形成日期、形式和制成材料，都是档案。"我国鉴于全国范围内拥有各级各类档案馆和大量机关单位档案室组成的网络体系，并对档案实行集中统一分级管理的体制，因而规定无论保存在机关档案室或国家档案馆的，还是保存在个人手中的，需要短期、长期或永久保存的各种历史文件，都属于档案。

尽管档案的定义从多样的角度来诠释，但作为档案所应该具有的基本要素有三个，分别是形成者、具有查核考究的价值、具有多样性的载体与形式。

三、档案的来源

档案源自文件。文件经过一定条件转变为档案，其中，"文件"通常所指为广义上的概念，即由各种形式的材料组成，例如，表格、图形、文字、影像等。档案与文件并非是两种不同的物质，而是因价值所在阶段不同而产生的不同的表现形态。档案与文件的共同之处为同源性与阶段性，同时也存在个体在实效、功用等方面的差别。两者之间共同点与差异的存在正是表明了文件转变为档案是一个辩证的，具有批判性继承思维的过程，取其精华去其糟粕，档案正是在发展中对文件的不断扬弃。从批判性思维来看时效性，档案是指该文件已经完成所有办理过程；从价值方面来看，档案保存的是已经完成办理过程的文件中更具有价值的部分；系统地看，档案是遵循一定规律将杂乱无章、分散的文件资料整合成一个信息单元。可以说，文件是档案的前身，档案是文件的归宿；文件是档案的基础，档案是文件的精华；文件是档案的素材，档案是文件的组合。

四、档案的形式

档案的表现有多种形式，包括各种载体、制作方法和呈现方法等。载体有甲骨、金石、绢帛、竹简、造册、磁胶等；制作方法有篆刻、誊抄、印刷、扫描、拍摄、录像等；呈现方法有文字、图形、表格、音像等。

五、档案的属性与特点

1. 档案的本质属性　历史再现性。

2. 档案的特点　知识性、信息性、政治性、文化性、教育性、社会性、价值性，这些特点一般作为档案的一般属性。由此可见，档案的定义可描述为档案是还原历史真实面貌，再现历史真实写照的原始文献。档案的特点和范围如下所述：

（1）档案是一种历史记录，来源于文件的转变。文件被使用和办理完毕之后，一部分随着记述、办事等现行功能的结束，失去其社会价值而被淘汰；另一部分由于对日后仍有查核考究的价值，则被选择保存下来成为档案。因此，档案与文件既有联系又有区别，文件是档案的前身，档案是文件的归宿和精华。档案是真实发生过的历史通过记录而成的资料，而不是凭空编纂的。

（2）档案是各种机关、组织和个人在其特定的社会活动中积累而成的文件组合体。其产生与存在，始终来源于专门的形成单位及其职能活动，并由此构成档案材料之间的内在联系。档案的定向积累方式以及与历史相关联的特点，使得其存在和运动的形态与其他资料有所不同，它要求尊重档案来源与内容等方面固有的联系，维护档案文件体系的历史面貌，才能有效地发挥档案信息系统特有的作用。

（3）由于档案是历史的原始记录物，而非复制品，故更具有参考性，且具有单一性与稀有性。因档案多是原始文献或孤本而弥足珍贵的这一特点使其区别于其他资料，同时对于如何保护档案、利用档案均有特定要求。

（4）档案的种类和形式丰富多彩，范围广泛。一些历史悠久、性质或载体比较特殊的档案，往往与文物、图书资料等有一定的转化关系或部分重合关系，即具有双重性或几重性。因此，在博物馆、图书馆和档案馆均有所收藏。

六、档案的演变

古往今来，在人类活动的历史长河中，档案作为载体的一种，承担着向人们展现历史真貌的重要责任，在时间的推移中，其本身也在不断地变化。

（一）甲骨档案

历史记载，我国出土甲骨达十五万片。甲骨作为档案最早呈现的一种形式，它的形成时间最长久，可追溯到商朝，从商朝甲骨档案资料中可以发现迄今为止最早的系统官府文书。甲骨为档案资料，其材质之特别，历史之久远，数量之繁多，在世界历史考古范围中独一无二。

（二）金文档案

金文指铸造在青铜器上的铭文，同甲骨档案一样是一种宝贵的资料。殷周时期，随着青铜器的使用步入鼎盛阶段，伴其而生的一种青铜器铭文记载方式——金文，也开始大量出现，正是金文档案的由来。相较于甲骨，金文档案记录更为广泛且详细，并且开始具备了记书为史的特性。从出土的一些金文档案来看，这些金文所记载的内容对探究历史有着极高的价值。

（三）缣帛档案

缣帛，又称帛书，是将记录文字书写在丝织品上的一种形式。我国古代，丝绸在经济贸易活动中有着不可忽视的地位，而丝绸的盛行又与桑蚕业有着密不可分的关系。桑蚕业在我国古代分布十分广泛，春秋战国以来，开始出现缣帛文献，于两汉时期开始盛行。由于这种材料是丝织品，因此轻便柔软，易于携带与留存，同时可以按需修剪其大小，一般多用于绘图和誊写。但正如丝绸在我国贸易地位中的独特，这种缣帛亦是造价高昂，无法在普通民众中普及，随着同时期简牍的出现以及后期纸张的制作，缣帛渐渐地淡出人们的视线。但是也正因为缣帛作为丝织品的精美昂贵，我国古代封建王朝仍会使用这一类材质的物品用以记录一些特殊事件，例如朝廷颁布授予官员的诰命、赦命等。

（四）简牍档案

简牍档案是指我国古代将文字记录在竹木之上形成的一种记载资料。"简牍"指用以书写文字的狭窄而长的长方形竹片、木片，也称木简，古时常用于公文的书写记录。"册"则指将若干片竹片或木片编织联结在一起，多记载国之重事以及典籍的书写。简牍的使用一度盛行于东周至魏晋时期，直至纸张的发明使用，这一记载文字记录的方式才被渐渐废弃。同样地，简牍作为档案历史长河中的一种形式，也有着很高的史料价值，其上记载所用的书法墨迹，更是珍贵的学术研究来源。

（五）石刻档案

树碑立传，作为华夏子孙的传统习俗，使得迄今为止留存了诸多古时石刻遗迹。自远古时代起，就有了将记录刻于石头之上的文明，先秦之时，更是开始将石料作为一种专门的记录材料。随着朝代更替、日月更迭，石料作为树碑立传的专用材质，不仅形制扩大，且数量日益繁多。直至秦朝，石刻记载已完备作为档案的特性。自此之后，历朝历代在昭布国政、记录详载国之大事时，都将石刻记录作为首选方式。正因为石刻记录这一方式（将文字篆刻于石料之上），取材简便适宜，易于保存，可长远流传于世，弥补了金文材质不易铸造、甲骨容纳文字有限、简牍易于侵蚀损毁的缺点。所以，在金文、甲骨、简牍这三种档案记载形式因社会发展、时代进步而逐渐退出历史舞台时，石刻档案仍以其独有的生命力存在于现今社会。

（六）纸质档案

东汉时期出现的纸张已逐渐可以满足书写的要求，由于纸张材质轻便、价格低廉，因而取代了简牍、缣帛，成为最广泛地用于书写、记录文字的材料。自此，我国档案载体发生了重大变革，纸张更是成为国家正式的书写材料，并沿用至今。

（七）电子档案

随着社会发展，工业浪潮的来临，越来越多用以记录的档案形式层出不穷。例如照片、影像、录音等。20世纪中期，通信行业的发展使得又产生了以代码形式记录在磁带、胶片、光盘等载体上，通过计算机系统保存读取并且可以在网络上进行传输信息的电子文件。这种已归档的电子文件及与之呼应的支持软件、参数以及其他相关的数据，我们称之为电子档案。电子档案的产生，对于档案学领域可谓是一次剧烈的变革，它对于档案学的工作方式、基本理念以及意识形态都有着深远的影响。

第三节 文书与档案

文书档案是机关、团体、企事业单位在行政管理事务活动中所产生的，包括命令、指示、决定、布告、请示、报告、批复、通知、信函、简报、会议记录、计划和总结等。经比照发现这些资料在其内容、来源以及形式上有共通之处，因此在探索这些资料相关工作有何规律时，通常使用文书档案这一称谓来进行研究与管理。

一、文书与档案的联系

（一）两者共通之处

1. 两者是同一事物的不同发展阶段　两者都是因人类社会实践活动所产生的。文书与档案并非两种不同的物质，而是同一事物的不同发展阶段，他们的发展过程是有机统一的。有时，文书与档案会被共同称之为"文字资料"。在一些方面，文书与档案有着相交的部分，例如来源、内容、形成、物质表现形态以及社会本质等，都是记录在物质上的具有本源性和原生性的固态信息。文书写的什么，档案就展现了什么。

2. 两者相互影响、相互作用　因为档案多来源于文书并由文书形成，所以档案的质量往往由文书决定，并且影响其作用与价值，如文书的书写材料、记录方式、留存质量，以及资料文字是否完整，都与其所形成的档案的品质好坏息息相关。同样地，档案对文书也有反作用，在档案管理工作中，通过归档、收集、整理、鉴定等步骤，能够发现文书工作的不足之处，从而对文书管理产生反作用，使后续的文书工作得以改进提高，使得具有研究价值的文书资料能够更好地留存。

（二）两者差异之处

1. 作用阶段不同　文书的作用阶段在最初以及当下使用的时期，属于前期作用阶段，多见于传递、转承等文书工作流程，在进行收录之后开始归档的工作，有的资料暂存于档案室，有的资料则转存于档案馆。这一阶段文书的相关工作至此结束。档案的作用阶段则为后期作用阶段，也称之为保存备查阶段，此时作为档案的文书资料不再进行传递、记录等前期工作，而是对于这些保存的文书资料进行整理、鉴定等后期工作，将不再具有留存价值的资料按流程销毁。

2. 来源不同　文书，为了更好地适应与服务人类社会活动中的管理工作而产生，在实践基础上规范了文书工作流程，使人们更好地开展工作及交流，而档案则是由符合条件的文书转化而来。何谓符合条件的文书呢？并不是每一份文书资料都可以转化为档案，档案的形成一般需要三个条件：①流程结束的文件才能成为档案，若文件处在承办状态下则不能成为档案。文书作为行使职权、联系工作、处理事务、交流情况的一种工具，具有现行效用，而这里所说的流程结束，指的是该文书的处理程序已完成，没有出现承办状态。现行效用，从起作用的时效来看，凡是正在起着规范、指挥、计划、组织、协调、控制等法定效力作用的，都是具有现行效用的文件。然而有一些承办完的文书，这些文件虽然已经完成了文书的处理流程，但仍有现行效用，例如有效期未满的合同、协议书、公证书，以及一些未失效的法规性、指导性文件、经济建设远景规划等文件。这些文件有效期长达十年、几十年，甚至上百年，往往不需要等失效后才归档，此时，这种文件便同时具有了文书与档案的双重特性。因此，文书是否能转化为档案，有时也需要具体情况具体分析。②有调查研究价值的文件才有必要作为档案保存。若将所有文件都留存为档案，势必会耗费大量的人力、物力，只有能够为科学或者人类社会活动发展提供价值的资料才有必要保存转化为档案。文件不归档是不对的，"有文必档"也是不可取的，文件是形成档案的基础，档案是文件的精华。因此，留存与否要经过科学的鉴定和挑选。③将文件资料规律地保存起来才能转为档案，因此，档案具有规律性。零散而杂乱无章的文件并不属于科学意义上的档案，只有经过一定的原则与方法才能转化为档案，现代档案正是将文件资料经过整理、立卷、归档等统一程序进行留存的。因此，文书转化为档案的必要条件便是归档和集中保存，这也是档案的标志。通过归档集中保存，形成一个个有内在联系的档案"组合体"，是档案与文书的重要区别之一。

3. 价值与作用不同　文书相对于档案来说，更倾向于是管理者的一种约束手段，在行政管理中用于沟通、记录、表达以及处理事务的工具。对于不同的角色来说，文书起着不同的作用。对于发起者，文书有记忆、表达、联系的作用，对于接收者来说，则具有凭据作用。文书还有弱化时空距离的作用，通过自身的信息传递能力，减少时空距离对发起者和接收者的影响，使文书的作用发挥最大化。当文书的现行效用失去之后，没有研究价值的文书无须转化为档案保存，便可以销毁；具有留存价值的，则通过相应的流程转化为档案。通常档案不具有文书的现行效用，只起到历史凭证和参考作用。前文提到，在文书转化为档案以后，多数失去了文书现行的行政和法律效力，其中少部分文书仍然具有现行时效，这一部分文书的现行作用是文书属性和作用的继续体现，不仅仅是档案的作用。在不同的阶段，档案的价值和作用也在不断变化。有的档案只在一定时期内具有研究价值，适合短期保存，过了一定时期将失去留存的意义，便可鉴定销毁。而具有长久保存价值的档案，最终会进入各级各类档案馆长远保存起来。当档案保存在档案室，这一阶段档案所体现的是为当前单位更好地开展工作、提供服务的价值，是其第一价值的实现；当档案进入档案馆以后，更多的则是社会价值的体现，即为社会发展等各方面提供信息服务，实现第二价值。因此，档案是一种重要的信息材料，既是其形成者的财富，也是全社会的文化财富。

二、文档的防护

（一）基本要求

档案防护内容应包括外围防护结构的保温、隔热，温湿度要求，防潮、防水、防日光及紫外线照射，防尘、防污染、防有害生物（霉、虫、鼠等）和安全防范等。

（二）温湿度要求

应根据档案的重要性和载体等因素区别温湿度。纸质档案库房的温湿度要求应符合表 1.1 的规定。

表 1.1 纸质档案库房的温湿度要求

项目	范围	冬季	夏季
温度	14 ~ 24 ℃	≥ 14 ℃	≤ 24 ℃
相对湿度	45% ~ 60%	≥ 45%	≤ 60%

音像、电子文件等非纸质档案的贮存，应根据使用保管的特殊要求进行设计，符合表 1.2 的规定。

表 1.2 特殊档案库房的温湿度要求

用房名称	温度	相对湿度
特藏库	14 ~ 20 ℃	45% ~ 55%
音像磁带库	14 ~ 24 ℃	45% ~ 55%
胶片库 / 拷贝片	14 ~ 24 ℃	45% ~ 55%
母片	13 ~ 15 ℃	35% ~ 45%

档案库房在选定温湿度后，要求每昼夜温度波动幅度不得大于 ± 2 ℃，相对湿度波动幅度不得大于 ± 5%。基本用房温湿度要求应符合表 1.3 的规定。

表 1.3 基本用房的温湿度要求

用房名称	温度	相对湿度
裱糊室	18 ~ 28 ℃	50% ~ 70%
保护技术试验室	18 ~ 28 ℃	40% ~ 60%
复印室	18 ~ 28 ℃	50% ~ 65%
声像室	20 ~ 25 ℃	50% ~ 60%
阅览室	18 ~ 28 ℃	—
展览厅	14 ~ 28 ℃	45% ~ 60%
工作间（拍照、拷贝、校对、阅读）	18 ~ 28 ℃	40% ~ 60%

第二章　文档管理工作概述

第一节　档案的分类

档案依据相应的标准进行分类，按照其来源、时间、内容和形式特征的异同点，对档案进行区分，并形成相应的体系。广义的分类有档案概念分类、档案实体分类、档案检索分类，这三种分类方式所发挥的作用各有不同。概念分类用于接触了解档案，实体分类用于科学地管理档案，检索分类则用于快速而准确地查找档案。而狭义的档案分类指全宗内档案分类，即档案整理的分类。

一、分类原则

（一）档案概念分类

在档案总概念下，还分有许多具体的档案概念，根据其作用、形成、名称等不同分为以下六类。

1. 根据组织架构分类　可分为国家机构档案、党派团体档案、企业单位档案、事业单位档案、名人档案等。每类社会组织档案中，又分为具体社会组织档案。每个独立的社会组织档案是划分全宗的依据，每类社会组织档案是划分全宗群的依据。

2. 根据专业分类　可分为立法档案、行政档案、军事档案、外交档案、经济档案、科学技术档案、艺术档案、宗教档案，等等。上述每种档案，还可具体细分。由于人们从事的专业不同，对档案的需求都有专指性，这种划分对人们从不同角度检索利用档案有意义。

3. 根据载体的不同分类　可分为石刻档案、泥板档案、甲骨档案、金文档案、简牍档案、缣帛档案、纸质档案、纸草档案、羊皮档案、蜡版档案、棕榈叶档案、桦树皮档案、胶片档案、磁带档案，等等。

4. 根据记录信息的方式分类　可分为文字档案、图形档案、声像档案。声像档案又分为照片、录音、录像、影片档案。上述类型档案在管理和提供利用方式上都各有特殊性。

5. 根据记录信息的时间分类　可分为古代档案、近代档案和现代档案。古代档案和近代档案统称为历史档案。在中国，通常分为中华人民共和国时期档案和中华人民共和国成立前档案两大类。中华人民共和国成立前档案又分为历代王朝档案、"中华民国"时期档案、新民主主义革命时期档案。

6. 根据档案所有权形式分类　可分为国家所有档案、集体所有档案和个人所有档案。在外国通常分为公共档案和私人档案。对不同所有权的档案，要按照档案法规的规定，分别采取不同的收集和管理办法。属于国家所有的档案，要按规定向国家档案馆移交。属于集体或个人所有的档案，其所有权的转让，一般要在自愿、合法基础上进行，档案所有者可向国家档案馆捐赠、出售或寄存。

（二）档案管理系统分类

档案管理系统中，有一种多层次分类方法，即分为档案实体管理与档案信息开发。档案实体管理按照八大工作环节分类；档案信息开发又分信息加工和信息输出两部分，信息加工由编制目录、编辑文献汇编和编写参考资料构成，信息输出由提供阅览、复制、咨询、函调、外借及出版、展览等多项服务活动构成。

二、分类方法

1. 保管期限－年度分类法　即先将归档文件按保管期限分类，每个保管期限下按年度分类。

2. 保管期限－年度－问题分类法　即先将应归档文件材料按保管期限分类，每个保管期限下按年度分类，再在年度下按问题分类。

3. 问题－年度－保管期限分类法　即先将归档文件按问题分类，每个问题下按年度分类，再在年度下按保管期限分类。

4. 年度－保管期限分类法　即先将归档文件按年度分类，每个年度下按保管期限分类。

5. 年度－组织机构－保管期限分类法　此为最常用的分类方法。先将归档文件按年度分类，其次按照各个部门分类，最后按保管期限分类。

三、分类作用

我国档案保管期限分为永久和定期两种。定期一般分为 30 年、10 年。档案分类要遵循客观性、逻辑性、实用性、历史性的原则。

（1）分类是档案整理工作的重要环节。

（2）分类的科学性决定了文书档案整理的科学性。

（3）分类是文书档案标准化、规范化工作的具体表现。

（4）分类是整理工作的重要组成部分，是系统化的中心环节。

四、档案销毁

（1）制定档案保管期限表。

（2）制定档案销毁审批制度。

（3）制定档案销毁监销制度。

第二节 档案管理

档案管理指档案的收集、整理、保管、鉴定、统计和提供利用的活动。包括档案收集、档案整理、档案价值鉴定、档案保管、档案编目和档案检索、档案统计、档案编辑和研究、档案提供利用。

一、档案管理工作的八大环节

档案管理工作的八大环节：收集、鉴定、整理、保管、检索、编研、利用、统计。其中，收集、鉴定、整理、保管、检索、统计等项工作是档案基础工作，编研与利用是开发利用工作。

八大环节的关系：收集、鉴定、整理、保管、检索、统计等各项环节中，都贯彻着社会需要和提供利用工作的要求；同时，前面诸环节又都直接影响着提供利用。因此，整个档案工作的内容又可划分为两个方面，即基础工作和利用工作。收集、整理、鉴定、保管、统计和检索等项工作是整个档案业务工作的基础，利用工作是在此基础上提供档案为社会需要服务的主要环节。基础工作为利用工作提供物质前提，创造工作条件，没有基础工作便无法开展利用工作；利用工作直接体现档案工作的目的和方向，它既反映基础工作的成果，也向基础工作提出要求，没有利用工作，基础工作就失去存在的意义和工作的目标。

多年来的实践证明，在具体工作中这两方面有时会出现矛盾，但总的来说，它们又应该是统一的，必须妥善地解决它们之间的关系，既要重视基础工作，又要重视利用工作，两者不可偏废。特别是当前，社会主义现代化建设的发展，进一步提出了广泛利用档案的迫切需求和新的要求。在这种情况下应该明确：抓紧基础工作是做好利用工作的切实保证，积极开展利用工作更是为社会主义现代化建设服务的关键一环。我们不能长时间关起门来"打基础"，不能等待完全做好了基础工作之后，再去开展利用工作；必须有高度的政治责任感和时代紧迫感，把提供档案工作为社会主义现代化建设服务放在首位，具备一定的基础就要开展利用工作，在开展利用工作的过程中，同时有计划地进一步做好基础工作。

二、档案管理工作的要点

首先要明确档案管理工作的对象与服务对象，分别是档案本身以及档案的使用者，这两种对象明确后，开始进行档案管理工作。在档案管理工作中往往会存在一些困难，例如，档案的零散、孤本、数量庞大等，这与社会利用档案时要求集中、系统、优质、专指、广泛而产生了基本矛盾。随着社会的不断发展，对档案的需求也在日益增长，而档案的管理水平是否能够随着社会发展而提高，也是我们档案管理工作的要点之一。档案管理与社会需求两者相互适应、共同促进这个矛盾统一的过程，正是档案管理工作发展进程的动力。

档案管理工作具有三个基本性质：管理性、服务性、政治性。

1. 管理性　档案的产生与使用与档案工作者不相关，并且档案管理过程中不会产生财物，只进行管理相关文档的工作。

2. 服务性　档案管理是一项系统的工作，是社会工作中不可或缺的重要环节。因此，它承担着为公众实践提供档案信息的服务，更好地发挥社会利用的作用。

3. 政治性　在各个时期，档案管理工作一定是围绕着社会发展而存在，而社会的发展必然离不开政治层面的作用。在历史的阶级社会中，档案管理工作体现的是阶级关系与阶级利益，为了向一定阶级提供服务利用，档案会被一部分人所掌握，这些人往往是统治阶级。而今，更多的档案具有机要性，事关国家政治与经济利益，档案的管理也有了保密要求，一部分档案不对外开放，多数档案则在规定期满后才能开放。

三、档案管理工作的原则

进行档案管理工作，要遵循集中统一管理国家档案，维护档案的完整与安全，便于利用的原则。

1. 集中统一管理　国家全部档案要由国家设立的各级各类档案保管机构分别集中保存，并制定统一的法规进行管理。

2. 维护档案的完整与安全　从数量上要保证档案齐全，不致残缺短少；从质量上要保持档案的有机联系，不能人为割裂分散或零乱堆砌。力求档案本身不受损坏，尽量延长档案的寿命；保护档案免遭有意破坏，档案机密不被盗窃。

3. 便于利用　便于利用是档案管理工作的最终目的，也是检验我们工作成效的标准。档案是历史的见证，所反映的一定是真实的历史，不应有任何篡改修正的痕迹。因此维护档案的真实性，保持档案的原貌，使其能够被利用，也是档案管理工作必须遵循的原则之一。

四、档案管理工作的意义

档案管理工作处在不断发展的进程中，它既见证着历史，又推动着未来的发展。我们从既往的档案管理中发现，非独立且简单的、凭借个人经验的传统手工管理办法正在逐渐发展为独立而多元的、具备科学方法的现代电子信息化管理办法。整个档案管理系统趋于开放，与社会发展的进步相互印证。

档案管理工作是国家文献工作的重要构成之一，对科学研究起着重要作用，档案管理系统更是作为社会信息系统的基石。档案管理不仅具有当前的、现实的意义，也具有长远的、历史的意义；不仅对局部单位的工作和生产有意义，对整个社会也有意义。

五、档案管理工作面临的困境 —— 信息电子化

　　随着社会的高速发展，档案的管理工作面临着前所未有的变革。互联网的广泛使用、办公趋向无纸化、自动化，使得档案的来源与形成发生很大变化。当一份文件材料的起草、签发、承办、归档等工作流程是通过电子通信手段完成的，那么这份文件材料最终成为的档案则也会以电子文件机读的形式存在，这类载体的档案与以传统纸质为载体的档案，两者利用方式存在较大差异。这种差异的存在预示着在不断发展的过程中，档案工作者将面临更多存在于计算机中以磁盘为载体的档案，这对档案管理工作的进行是一种新的挑战，如何把档案信息从这样的载体中准确地提供给有需要的社会大众，这是我们档案工作者处于当今社会所应考虑的。对于信息检索者们来说，他们关心的是档案信息的内容，这些信息隐藏在各种机读形式的档案中，如何综合、系统地提供这些档案信息是档案工作者义不容辞的责任。以计算机为载体的档案文件在利用的过程中需要与纸质档案不同的甄选过程，要使这类档案发挥其真实性、价值性，档案管理工作以及档案利用工作还需在电子信息化方面有所涉及，将机读类档案管理系统化，从而为信息检索者们提供更完善的服务。

　　1. 档案管理工作相关软件缺乏统一　各类档案管理相关工作所使用的电脑规格不一，型号各异，各自部门开发的软件不能互通，没有既适用于文件检索又适用于档案信息管理的计算机管理软件系统。由于不能互通，就不能利用电脑完成信息管理工作，不能快捷地将出版信息编辑成果，这制约了档案信息电子化的进程。

　　2. 档案管理基础工作标准有待规范化　档案信息管理电子化的前提需要将基础工作做到标准和规范。但我国馆藏档案业务基础较弱，案卷质量一般，各类档案的著录细则兼容性不强，系统软件移植性差；档案自动化工作没有统一标准，仅作用于某一个馆或某个专业系统，无法全面实施、推广统一标准，这也制约了档案信息工作电子化。

　　3. 程序标准并未随时代发展而更新迭代　档案管理的技术标准、工作程序未从计算机信息处理技术特点和发展考虑，当出现更多的档案载体是磁盘、光盘时，现行的档案整理、分类方法、著录标准及有关规定已不能完全适应。

　　4. 档案管理人员综合素质有待提高　要促进档案信息电子化，应首先配备具有现代化水准的管理人员，这样的人员应具备基本的上机操作水平以及较高的知识层次和过硬的专业能力。而目前档案管理行业人才紧缺，对现代高技术人才需求迫切，

尤其是兼备档案专业与信息处理专业的复合型人才。由于大部分档案工作人员仍处在只具备专业知识而不具备现代技术水平，所以，尽管在档案管理工作中引进了现代化设备，仍不能使其充分发挥作用，档案信息电子化之路依然任重道远。

第三节　文档整理与分类

一、定义

文书档案整理工作，是指将处于零乱状态的和需要进一步条理化的文件经过分类、组合、排列与编目，达到系统化的过程，是一项重要的基础工作。文书档案整理方法：新的整理方法以件为管理单位，传统的整理方法以卷为管理单位。

二、文档整理

（一）一般程序

从文书档案整理工作的全过程来看，主要包括区分全宗－全宗内档案分类－立卷（或按件装订）－案卷（或件）的排列与编号－编目－排架等步骤。

1.区分全宗　将文件按不同的形成机关、组织或个人分开，以避免不同机关形成的文件混合在一起，反映了各单位历史发展的面貌。

2.全宗内档案分类　把一个单位内的全部档案按其在来源、时间、内容和形式上的异同，分门别类，并按照一定办法排列。

3.立卷　将归档文件按一定特征分门别类地组成档案的基本保管单位——案卷，包括文件材料的组合、卷内文件的排列、拟定案卷标题和装订等。

4.案卷的排列　将案卷按年度、组织机构或问题等标准系统排列，以固定案卷序列。

5.编目　以一定形式揭示和介绍档案内容与形式特征的工作，包括填写卷内文件目录、备考表、案卷封面和编制案卷目录或归档文件目录、档号等。

6.排架　在同一保管期限中，按档案年度顺序，从左至右、从上至下排列上架。

（二）档案整理工作的原则

1.保持文件之间的有机联系　指文件在产生和处理过程中所形成的固有关系，主要表现在文件在来源、时间、内容和形式等方面的联系。如某单位及其内部机构一定的历史阶段、某年度一项特定的活动、处理一项业务、进行一次调查、承办一个案件、召开一次会议等不同的文种、载体材料等。

2.区分不同价值　要依照《机关文件材料归档与不归档范围》和《关于机关档

案保管期限的规定》或《机关文件材料归档范围和文书档案保管期限规定》的要求，区分归档范围内不同文件的价值，划定不同的保管期限。如保存价值大的文件材料应重点整理和保管，保存价值小的文件材料应根据条件区别对待，无保存价值的文件材料无须归档、销毁。

3.便于档案的保管和利用　档案整理工作的基本出发点和根本目的。当与保持文件之间的历史联系发生矛盾时，应充分考虑档案保管和利用的方便。

三、新的整理方法 —— 以件为管理单位

《归档文件整理规则》（以下简称《规则》）是在充分调研国内外归档文件整理方法和借鉴传统立卷方法合理性的基础上，适应档案管理现代化的需要，对归档文件整理工作的原则和具体方法作出了规定。《规则》的制订，弥补了我国档案工作法规标准体系中归档文件整理工作方面的空白，是新形势下实现归档文件整理规范化、档案管理科学化的一项重要标准。

（一）归档文件的基本概念

归档文件立档单位在其职能活动中形成、办理完毕，应作为文书档案保存的各种纸质文件材料。归档文件整理是将归档文件以件为单位进行装订、分类、排列、编号、编目、装盒，使之有序化的过程。

1.件 —— 归档文件的整理单位　一般以每份文件为一件，文件正本与定稿为一件，正文与附件为一件，正文与文件处理单等为一件，原件与复制件为一件，转发文与被转发文为一件，报表、名册、图册等一册（本）为一件，来文与复文可各为一件。

2.文件修整　一般包括对破损文件进行修校，对字迹模糊或易蜕变的文件进行复制，去除文件上易锈蚀的金属物，对过大的文件进行折叠。

3.文件装订　归档文件应按"件"装订，"件"内排序为正本在前，定稿在后；正文在前，附件在后；原件在前，复制件在后；转发件在前，被转发件在后；复文在前，来文在后；不同文字的文本，中文本在前，外文本在后。

对齐方式：①装订前应将"件"内的各页按一定方式对齐，便于将来翻阅。②采用左上角装订的，应将左上侧对齐。③采用左侧装订的，应将左下侧对齐。

装订方式和用品：常用的有三种。①线装：缝纫机轧线。②粘接式：包角。③变形材料：不锈钢夹、燕尾夹、塑料夹等符合档案保护要求，低成本且简便易行。

（二）归档文件的分类

1.分类方法　年度分类法、机构／问题分类法、保管期限分类法。

2.分类方案　年度－机构－保管期限、年度－保管期限、保管期限－年度－机构、保管期限－年度。

（三）归档文件的排列

归档文件的排列指在分类方案的最低一级类目内，根据一定的方法确定归档文件先后次序的过程。事由原则结合时间、重要程度会议文件、统计报表等成套性文件可集中排列。

1. 同一事由内的归档文件排列　按文件形成时间的先后顺序排列，按文件的重要程度排列。

2. 不同事由间的归档文件排列　按不同事由形成时间的先后顺序排列，按事由的重要程度排列，按事由具有的共同属性分别集中排列。

（四）归档文件的编号

归档文件应依分类方案和排列顺序逐件编号，在文件首页上端的空白位置加盖归档章并填写相关内容。归档章必备项目为全宗号、年度、保管期限和件号，选择项目为机构。全宗号是档案馆对其接收范围内各立档单位所编制的代号，年度指归档文件的形成年度，保管期限是按照《文书档案保管期限表》划定的，件号指归档文件的排列顺序号。

填写归档章项目时应使用符合档案保护要求的字迹材料加盖归档章的时间归档章格式。

（五）归档文件的编目

归档文件应依据分类方案和室编件号顺序编制《归档文件目录》。《归档文件目录》由两部分构成：归档文件目录和归档文件目录封面。

归档文件应逐件编目，目录中一件只体现一条条目。例如：来文与复文件为一件时，只对复文进行编目。归档文件目录各项目应体现归档文件的内容和形式特征，方便检索和利用。归档文件目录包括件号、责任者、文号、题名、日期、页数和备注等项目。

归档文件目录采用国际标准 A4 型纸横排或竖排，应打印装订成册并编制封面。归档文件目录封面设置全宗名称、年度、保管期限、机构等项目。

（六）归档文件的装盒

装盒包括将归档文件按件号顺序装入档案盒，填写备考表、编制档案盒封面及盒脊项目等内容。装盒的要求：不同形成年度的归档文件不应放入同一档案盒；不同保管期限的归档文件不应放入同一档案盒；分机构的情况下，不同机构形成的归档文件不应放入同一档案盒。

盒内文件情况说明盒内文件齐全完整程度；盒内文件齐全完整程度；盒内文件缺损、修改、补充、盒内文件缺损、修改、补充、销毁等情况；销毁等情况；备注项内容。备注项内容说明整理人及检查人，年、月、日。

（七）归档文件的排架

档案按分类方案，如年度－机构－保管期限或年度－保管期限－机构从上到下、从左到右的顺序排列上架，也可将历年档案统一按保管期限分别排架。

传统整理方法以卷为管理单位。案卷是有密切联系的若干文件的组合体。立卷就是把已办理完毕并具有查考保存价值的文件，根据其固有的特征和内部联系，分门别类、有序地组合成案卷，也就是将互有联系的文件进行分类、组合、编目的一个过程。立卷工作是文书工作的重要组成部分。

四、全宗内档案分类

（一）分类的常用方法

1. 年度分类法　将文件按其形成和处理的年度进行分类。一般文件以其形成年度划分，对跨年度或专门年度的文件根据具体情况区分年度。

2. 组织机构分类法　将文件按其形成或承办的机构进行分类。

3. 问题分类法　将文件按其内容所反映的问题进行分类。

（二）立卷组合方法

立卷有六个特征，即问题、作者、名称（文种）、时间、通信者、地区等特征组卷。

1. 按问题组卷　将文件内容涉及的同一事件、问题或同一类性质的问题组成案卷。

2. 按作者组卷　将同一作者的文件组成案卷。

3. 按名称（文种）组卷　将文件种类或名称相同的文件组成案卷。

4. 按时间组卷　按文件形成的时间或文件内容针对时间，将属于同一时期的文件组成案卷。

5. 按通信者组卷　将本单位与某单位针对某一问题或几个问题的来往文件组成案卷。

6. 按地区组卷　将来自同一地区或内容涉及同一地区的文件组成案卷。

实际工作中，一般是运用两个以上的特征来组成一个案卷，如"某市委党委会2021年会议记录"就运用了作者、时间和名称三个立卷特征。

五、卷内文件整理

1. 检查调整组卷

（1）检查已归卷的文件是否齐全完整，是否保持了文件之间的有关联系。

（2）检查卷内是否有不需要归档的或应转入下一年度立卷的文件。

（3）检查卷内文件的保管期限是否一致以及卷内文件的数量。

（4）检查卷内文件是否有破损、纸张大小是否统一、有无金属物等，及时进行修整。

2. 卷内文件的排列和编号

（1）卷内文件的排列：按重要程度或时间顺序排列，注意文件之间的联系，保持来文与复文、正文与附件、同一文件的各种不同稿本（正本、定稿等）之间不可分离的联系。一般情况下是正件在前，附件在后；正本在前，定稿在后；批复在前，请示在后；案件的结论性文件在前，依据性材料在后。

（2）卷内文件的编号：文件页码用页码机打印在正面右上角、反面左上角，从"001"开始编号。一般每卷不超过2厘米（200张）。不装订的案卷应在卷内每份文件的右上方加盖档案号章，并逐件编序号。

3. 编制卷内文件目录　依据档案整理顺序，固定案卷位置，统计案卷数量。

4. 填写备考表　备考表放在案卷最后，用来登记卷内文件的基本情况，便于档案管理人员和利用者了解案卷的有关情况。

5. 案卷的装订　采用三孔一线。

6. 填写档案案卷封面

（全宗名称）

×××

（类目名称）

×××

（案卷标题）

×××

| 自×年×月至×年×月 | 保管期限 ×× |
| 本卷共 × 件 × 页 | 归档号 ×× |

全宗号　目录号　案卷号

×× 　 ×× 　 ××

（1）案卷标题的拟写：应包括本卷文件的主要责任者、问题、名称（××省档案局有关职工福利问题的决定）。

（2）档号的编制：档号是各种顺序号的总称，一个档号代表了某一份具体档案实体，它是存取档案的标记。档号的编制既固定了档案分类和排列的顺序，更便于档案的保管和查找利用。档号的基本结构：全宗号–案卷目录号–案卷号–件或页（张）号。档号编制原则为唯一性、合理性、稳定性、扩充性、简单性。

六、业务档案的整理

整理业务档案的总体要求：通常情况下按照文书档案按卷整理的要求经过分类、组卷、排列、编目等程序，同时结合具体情况以及行业要求，突出业务特色。为便于查找和利用，对案卷封面的项目设置除遵循文书档案按卷整理的一些要求外，还可以体现一些业务特征。

第四节　特种载体档案的整理

一、照片档案的整理

（一）基本概念

1. 照片档案　指机关或个人在社会活动中直接形成的，对国家和社会有保存价值的，以感光材料为载体，以影像为主要反映方式，并辅以文字叙述的记录材料。

2. 芯页　用以固定照片或底片，并标注说明的中性、偏碱性纸质载体，是照片册、底片册的组成单元。

（二）照片档案的组成

照片档案由底片、照片、文字说明三个部分组成。

（三）照片档案的收集

（1）本单位在工作活动中产生的具有凭证和参考价值的照片。

（2）本单位领导活动的照片，社会知名人士在本单位工作、学习的照片。

（3）本单位向有关单位提出内容和要求，组织拍摄或征集的照片。

（4）本单位工作中选用的外单位的照片。

（四）整理原则

保持照片档案的有机联系，便于查找和利用。照片的底片应单独整理并存放在专门制作的底片册里，照片及其文字说明一同整理并存放在照片册里。

（五）保管期限

保管期限与密级保管期限是按照片、底片的价值划定的存留年限，分为永久、长期、短期三种。具体按照《国家档案局关于机关档案保管期限的规定》执行。密级是指照片、底片保密程度的等级。密级的划定按照《中华人民共和国保守国家秘密法》及其实施办法执行。

（六）底片的整理

（1）底片的整理可按年度–问题分开，其次是进行底片编号。底片号格式：全宗号–保管期限代码–张号。

（2）可以以一张底片或一组底片为一个保管单位，编一个顺序号。如果是一组底片编一个顺序号，则在一组内每张底片上再编一个分号。

（3）底片号可用铁笔横向刻写在胶片边缘处，但不能损伤影像。

（4）将底片放入乳胶袋，在乳胶袋右上方空白处标明底片号。

（5）按底片号顺序将乳胶袋依次插入芯页，并在芯页的插袋上标明底片号。

（七）照片的整理

（1）一般应按照片反映的内容或专题进行分类，使同一内容或同一性质事物的照片归入同一类中，保持其内在的联系。

（2）照片分类以后，按照其重要程度或时间顺序进行排列，按顺序嵌进影集。

（3）照片的编号，以影集每页从上到下，自左到右依次编流水号。格式：全宗号－保管期限代码－册号－张号；全宗号－保管期限代码－张号。

（4）照片的分类号、序号以及底片号等除在文字说明栏中标明外，每张照片的背面都应标明，以便查找利用。

（八）数码照片的整理

实行"双套制"保存。冲印具有代表性的数码照片，按照传统照片整理方法进行整理、编写说明等，形成的全部数码照片配上文字说明刻成光盘进行保存。

二、文字说明的编写

1. 照片的说明　主要包括符号说明、文字说明及拍摄时间和摄影者。

2. 符号说明　包括照片号、底片号和参见号。其中参见号是指与本张（组）照片有联系的其他档案的档号。

3. 照片的文字说明　包括事由、时间、地点、人物、背景、摄影者等六要素。

4. 编写文字说明　要综合六个要素，概括地揭示照片影像所反映的全部信息，其次要语言流畅，文字简洁。

5. 编写说明　一般以单张照片为单元，而对由若干联系密切的一组照片应编写一个总说明，其中的每一个单张还需编写的分说明。总说明在该组照片的第一张照片的上方书写，分说明则一律在每张照片的正下方或者左侧、右侧书写。

三、磁带、录音带、录像带、光盘的整理

在不同载体形式分类的基础上，按其包含内容所形成的先后时间顺序逐件编号，可跨年度编制流水号，并编制目录。目录应包括序号、内容、形成日期、保管期限、备注等项目。

四、实物档案的整理

实物档案包括奖牌、奖状、奖杯、锦旗、纪念品、废旧印章等，可以编制一个总的大流水号，并编制实物档案目录。

第三章　管理学基础

第一节　管理与管理学

一、管理的概念

管理是为了实现组织的共同目标，在特定的时空中，对组织成员在目标活动中的行为进行协调的过程。这一定义包含以下四个内涵。

1. 实现组织目标是评价管理成败的唯一标准　管理的任务是通过协调是两者统一起来。

2. 特定的时空也是管理的必要条件　任何管理都是在特定的时空条件中进行的，并且对任何管理行为都必须有特定的时空要求。

3. 管理的核心是人的行为　组织目标必须分解为许多具体工作，通过相关人员的实际行为去实现。

4. 管理的本质是协调　协调是通过管理的决策、组织、领导与控制等职能来实现的。

二、管理的职能与性质

（一）管理的职能

1. 计划　制定目标并确定为达成这些目标所必需的行动。组织中所有的管理者都必须从事计划活动。

2. 组织　根据工作的要求与人员的特点，设计岗位，通过授权和分工，将适当的人员安排在适当的岗位上，用制度规定各个岗位的职责和上下左右的相互关系，形成一个有机的组织结构，使整个组织协调运转 —— 这就是组织的职能。组织目标决定着组织的具体形式和特点。

3. 领导　指导人们的行为，通过沟通增强人们的相互理解，统一人们的思想和行动，激励每个成员自觉地为实现组织目标而共同努力。

4. 控制　其实质就是使实践活动符合与计划，计划就是控制的标准。

5. 创新　创新职能与上述各种管理职能不同，其本身并没有某种特有的表现形式，总是在与其他管理职能的结合中表现自身的存在与价值。

（二）管理的性质

1. 管理的自然属性　不以人的意志为转移，也不因社会制度形态的不同而有所改变，是一种客观存在。

2. 管理的社会属性　①科学技术的进步，经济的快速发展，企业规模扩大，职能经理人出现，企业经营权和所有权分离。②部分职工持有股票，企业所有权的人数增多。③西方发达国家对本国经济采取不同形式、不同程度的干预。④企业管理需要考虑消费者利益和社会生态环境的保护。

三、管理者的角色与技能

管理者合格与否，很大程度上取决于五种管理职能的履行情况。为了有效履行各种职能，管理者必须明确自己要扮演哪些角色以及在扮演这些角色的过程中自己需要具备哪些技能。

（一）管理者的角色

根据亨利·明茨伯格（Henry Mintzberg）的研究，管理者扮演着十种角色，这十种角色可归为三大类：人际关系角色、信息传递角色和决策制定角色。

1. 人际关系角色　明茨伯格所确定的第一类角色是人际关系角色。人际关系角色直接产生自管理者的正式权力基础，管理者在处理与组织成员和其他利益相关者的关系时，则为扮演人际角色。管理者所扮演的三种人际角色是代表人角色、领导者角色和联络者角色。

（1）代表人角色：作为管理者须行使一些具有礼仪性质的职责。例如，管理者有时必须出现在社区的集会上、参加社会活动或宴请重要客户等。

（2）领导者角色：由于管理者对所在单位的经营效益负重要责任，他们必须在工作小组内扮演领导者角色。对这种角色而言，管理者和员工一起工作并通过员工的努力来确保组织目标的实现。

（3）联络者角色：管理者无论是与组织内的个人或工作小组一起工作时，还是在建立和外部利益相关者的良好关系时，都起着联络者的作用。管理者必须对重要的组织问题有敏锐的洞察力，从而能够在组织内外建立关系和网络。

2. 信息传递角色　明茨伯格所确定的第二类管理者角色是信息传递角色。在信息传递角色中，管理者负责确保与其一起工作的人具有足够的信息资源，从而能够顺利完成工作。在信息传递角色中，管理者又扮演着监督者、传播者以及发言人的角色。

（1）监督者：作为监督者，管理者须持续关注组织内外环境的变化以获取对组织有用的信息。管理者通过接触下属以及自身交际网来搜集信息，根据这些收集到的信息，得以识别工作环境中存在的潜在机会和威胁。

风险的积累和扩大往往变得难以控制，这就要求管理者必须研究如何为自己构建更加可靠的防火墙，规避经济全球化可能带来的风险，尽量使自己不受损害或少受损害。管理者也必须重新审视组织的发展战略、组织机构、管理理念、经营方式、规章制度、人力资源是否适应经济全球化的时代，以及应当如何与时俱进。

（三）知识资源化

知识资源化与信息网络化、经济全球化密切相关，一方面，信息网络化和经济全球化必须建立在以信息技术为代表的现代科学技术高度发展的基础之上；另一方面，现代科学技术知识又借信息网络化和经济全球化在全球范围内迅速便捷地流动和传播，从而使知识成为现代社会经济发展中最重要的资源。随着社会经济技术的发展进步，消费者对商品和服务的要求越来越高，对商品的卫生标准和生态环境的要求也更加苛刻。因此，企业及其他社会组织必须不断创新，才能满足消费者的需求，从而使市场竞争空前激烈，而构成组织核心竞争力的最重要的要素就是创新知识。知识资源化给管理者提出了全新的挑战。以前，管理者主要是管理人、财、物和相关信息的配置及流动，如今却要把管理的重点放到对知识的管理，特别是要管理好技术创新、制度创新，维护品牌、声誉、知识产权，培养、招聘人才，建立学习型组织等。因为，知识资源最大化是任何组织基业长青的关键所在。

（四）管理人本化

管理人本化是社会进步的结果，也是现代社会文明的标志。人类是知识特别是未编码的创新知识的载体，在知识资源化的今天，处理好人与人的关系已成为管理者的头等大事。管理者既要追求实现组织目标，又必须真心实意地树立"人人生来平等"的观念，尊重每一个人，维护每一个人的合法权益，在自由平等的条件下，为每一个人创造全面发展的机会。应当看到管理人本化是一个理想目标，从重视人到尊重人再到全面发展人，可能要经过一个漫长的渐进过程才能逐步实现。互联网的发展和普遍应用，将大大加速"以人为本"的进化过程。

快速变化的新时代给管理提出了许多严峻的挑战，为了应对新时代的挑战，管理者必须培育以下五种能力。

1. 获取和吸收新知识的能力　互联网时代是知识爆炸的时代，每天都有许多新技术、新发明、新知识涌现出来。没有获取和吸收新知识的能力，就会变得无知，就会被时代淘汰。

2. 集成多种知识流派的能力　许多创新都是集成多种知识流派的成果。

3. 跨越文化和地域局限的能力　这是经济全球化和国际自由贸易所必需的。

4. 学会遗忘的能力　经验和成就只代表过去，我们需要的是面对未来。

5. 跨越业务边界进行竞争的能力　互联网已打破了原有的企业边界，跨越业务边界进行竞争将成为新时代竞争的常态。

五、管理学研究方法

管理学有三种基本研究方法，分别是归纳法、实验法、演绎法。

（一）归纳法

归纳法是一种由个别到一般的论证方法。它通过一系列典型事例或分论点，然后归纳出它们所共有的特性，分析出事物变化发展的一般规律。归纳法可以先举事例再归纳结论，也可以先提出结论再举例加以证明。由于管理过程十分复杂，影响管理活动的相关因素极多，并且相互交叉，人们所能观察到的往往只是综合结果，很难把各个因素的影响程度分解出来。所以，大量的管理问题都只能用归纳法进行实证研究。

在管理学研究中，归纳法应用最广，但其局限性也十分明显。在实证研究中必须有足够多的研究样本，得出的结论才有价值，如果选择的研究对象没有代表性，归纳出的结论也无法反映出事物的本质。通过归纳法得出的结论不能通过实验来证明，同时由于管理的状态不是一成不变的，所以研究得出的结论不够精确。

（二）实验法

实验法，也称试验调查法，是实验者有目的、有意识地通过改变某些社会环境的实践活动来认识实验对象的本质及其发展变化规律的方法。它是一种最重要的直接调查方法，也是一种最复杂、最高级的调查方法。实验法有一定的结构，不仅有明确的实验目的，而且有较严格的实验方案设计和控制。其主要任务就是明确实验对象和实验激发之间的因果关系。其实验结果既可以用于定量分析，也可以用于定性分析。按照不同标准，实验法可有多种分类。管理中的许多问题，特别在微观组织内部都可以采用实验法进行研究，如果做过多次实验，能得到相同结果，那就可以得出结论，这里存在某种普遍适用的规律性。

虽然实验法可以得到接近真理的结论，但管理中有许多问题是无法逐个分析因素进行实验的，特别是高层的、宏观的管理问题，由于问题的性质特别复杂，影响因素很多，不少因素又是协同作用，受外部环境和内部条件约束，要想进行人为的重复是很困难。

（三）演绎法

对于复杂的管理问题，管理学家可以从某种概念出发，或从某种统计规律出发，也可以在实证研究的基础上，用归纳法找到一般的规律性，并加以简化，形成某种出发点，建立起能反映某种逻辑关系的经济模型（或模式）。这种模型与被观察的事物并不完全一致，它反映的是简化的事实，完全合乎逻辑的推理。这种方法是从简化的事实前提推广得来的，所以，被称为演绎法。

现代科学技术的迅速发展推动着管理学研究方法的现代化。特别是由于计算机技术的迅速发展，使得管理中的各种模型，甚至具有几百个变量的线性规划模型都可以在计算机上进行迅速地运算，或者进行动态模拟，如投资决策模拟等。计算机技术和数字科学的发展将大大促进管理学向更加精确的方向发展。

第二节　管理学原理

一、管理原理的特性

（一）区分原理与原则

管理原理是对管理的实质及客观规律的表述，管理原则是根据管理原理引申而来的，是人为规定的行动标准。因此，原则在约束人的行为时应带有指令性和法定性，从而要求人们做到遵循某一行为规范，当有人违反原则时则会受到群体组织的惩罚；而违背原理会受到客观规律的惩罚，但群体组织不一定会给予制裁。原理与原则的相互作用是管理工作中不可忽视的要点。

（二）管理原理的普遍适用性

管理原理所涉及的事物非常广泛，普遍适用于各个领域。虽然各行各业的企业管理多种多样，不存在完全相同的管理方式和方法，但管理原理对这些企业活动仍然具备指导意义，管理原理是普遍适用的。因为，管理原理是对包含了各种复杂因素和复杂关系的管理活动客观规律的描绘；是在总结大量管理活动经验的基础上，舍弃了相对差异，经过综合和概括而得出的具有普遍性、规律性的结论。

二、管理原理系统

系统原理、人本原理、责任原理、效益原理及适度原理相互联系、相互制约构成了一个系统，这样一个系统可以有效涵盖众多管理活动。首先通过系统原理，对管理对象的本质进行分析分类，确定各个组织之间的关系、局部与全局的联系，理出不同的脉络和层次、分清问题的轻重主次。在此基础上，坚持以人为本的指导思想，做到重视人、尊重人和促进人的全面发展。为了充分调动管理系统中各个岗位上人们的积极性和主动性，协调人们管理活动的相互关系，又必须按责任原理明确各自的职责。任何管理系统都是逐级相互衔接的责任系统，否则就无法进行科学管理。管理活动中充满着矛盾，解决矛盾的对策也往往相互对立。解决矛盾和消除对立要求管理者在不同的对策中实现平衡，在相互冲突的两个极端间寻求最适度的组合。度的把握正是管理科学在实践中被运用的体现。遵循这五大原理的精神就可以建立起一个有效的科学管理体系。

（一）系统原理

1. **系统的含义**　系统普遍存在于众多事物中，不论是大自然还是社会组织，都有系统的涉及。在管理活动中，往往将管理对象划分为各个系统，要想有效达到管理目标，管理者们通常要对管理活动展开完备的系统分析，从而把握住管理的每一个要素及要素间的联系，实现系统化管理。

系统理论认为应将组织作为人造开放性系统来进行管理，系统原理正是源自这一理论。它要求管理应从组织整体的系统性出发，按照系统特征的要求从整体上把握系统运行的规律，对管理各方面的前提做系统的分析，进行系统的优化，并按照组织活动的效果和社会环境的变化，及时调整和控制组织系统的运行，最终实现组织目标，这是系统原理的基本含义。

2. **系统的特征**　系统是客观存在的，具有普遍性。从系统组成要素的性质来看，可以划分为自然系统和人造系统。自然系统的特点是自然形成的，构成单位也都是自然物，如生态系统、星际系统等；人造系统是为了达到某些目的而人为制造的系统，如生产系统、交通系统、商业系统、管理系统等。从系统与环境的联系程度来看，可以划分为封闭系统和开放系统；从系统的状态与时间的关系来看，可以划分为静态系统和动态系统；等等。这些系统的分类都具有以下三个共同的特征。

（1）整体性：系统最基本的特征。一个系统至少由两个或两个以上的子系统构成。构成系统的子系统称为要素，也就是说，系统是由各个要素集合而成的，这就是系统的整体性。

（2）层次性：系统是由多层次构成的，系统下分为子系统，子系统又可分为子子系统，子系统与子子系统呈纵向结构。从总体上来看，系统又分为宏观系统与微观系统，微观系统又下分各个子系统。例如，分公司相对于总公司来说是子系统，相对于分公司各部门来说又是母系统。因而系统与子系统是相对而言的，而层次是客观存在的。

（3）适应性：任何系统都存在于一定的环境之中，都要受到环境的制约，因此，系统内各要素随环境的改变而改变其结构和功能的能力称之为适应性。它一方面表现为子系统之间的关系，系统的存在和发展，是子系统存在和发展的前提，因而各子系统本身的发展，就要受到系统的制约。另一方面，表现为系统内部子系统或各要素之间的关系。某要素的变化会影响另一些要素的变化，而各个要素之间的关系状态，对子系统和整个系统的发展都可能产生重要的影响。

3. **系统原理原则**

（1）整合原则：指从整体目标出发，充分发挥各要素的潜力，提高企业的整体功能，对管理对象有一个全面的了解和谋划，在整体规划下实行明确的、必要的分工或分解。在分工或分解的基础上，建立内部横向联系或协作，使系统协调配合、综合平衡地运行。

从系统目的的整体性来说，局部与整体存在着复杂的联系和交叉效应。大多数情况下，局部与整体是一致的。但有时，局部认为是有利的事，从整体上来看并不一定有利，甚至是有害的；有时，局部的利越大，整体的弊反而越多。因此，当局部和整体发生矛盾时，局部利益必须服从整体利益。从系统功能的整体性来说，系统的功能不等于要素功能的简单相加，而往往要大于各个部分功能的总和，即整体大于各个孤立部分的总和。这里的"大于"，不仅指数量层面，还指在各部分组成一个系统后，产生了总体的功能，即系统的功能。这种总体功能的产生是一种质变，它的功能远远超过了各个部分功能的总和。因此，系统要素的功能必须服从系统整体的功能，否则，就要削弱整体功能，从而失去了系统功能。

在实际管理活动中，常常会出现重局部、轻全局的情况，特别是局部之间不协调，这种情况下子系统的功能虽好，但不利于达到整体的目的，效果当然不会好。相反，有时候子系统的效益虽然低一些，但有利于实现系统的功能，有利于达到整体的目的，更适合组织活动的选择。

（2）动态原则：一个企业管理系统的正常运转，不仅要受到系统本身条件的制约，还要受到其他有关系统的影响，并随着时间、地点以及人们的不同努力程度而发生变化。企业是社会经济系统中的子系统，它为了适应外部社会经济系统的需要，必须不断地完善和改变自己的功能，而企业内部各子系统的功能及相互关系也必须随之相应地发生发生变化。企业系统就是在这种不断变化的动态过程中生存和发展的，因此，企业的管理都具有很强的时限性。掌握系统动态原理，研究系统的动态规律，使我们能预见系统的发展趋势，观念超前，减少偏差，掌握主动，使系统向期望的目标发展。

（3）开放原则：管理手段、管理流程等通常会构成一个连续封闭的回路，从而形成较为有效的管理活动，但完全封闭的系统是不存在的。系统需要通过与外界不断交流物质、能量和信息来保持状态，开放是系统的生命力源泉。一味实行封闭系统的行为只会导致管理活动的失败，难以达到管理目的。明智的管理者应当从开放原则出发，充分估计到外部对管理系统的种种影响，努力从开放中扩大本系统从外部吸收的物质、能量和信息。

（二）人本原理

1. 企业的主体是员工　企业经营活动的基本要素是劳动力，因此企业创造价值的主体是劳动者。我们对劳动者在企业生产经营中所起的作用需要通过三个阶段来了解。

（1）要素研究阶段：对劳动力在生产过程中的作用研究是随着以机器大生产为主要标志的现代企业的出现而开始的。但在早期，这种研究基本上限于把劳动者视为生产过程中的一种不可缺少的要素。比如，管理科学的奠基人弗雷德里克·温斯洛·泰罗（Fredrick Winslow Taylor）的全部管理理论和研究工作的目的，都是致力于挖掘作为机器附属物的劳动者的潜能。他仔细研究工人操作的每个动作，精心设计出最合理的操作程序，要求所有工人严格执行，而不要自己再去创造和革新。他坚信，工人只要按照规范程序作业，就能实现最高的劳动生产率，从而获得最多的劳动报酬。这样对工人和企业双方都有利。自此，所有对劳动和劳动力的研究大多都未摆脱这种把人视作机器附属物的基本观点和方法。

（2）行为研究阶段：第二次世界大战前夕，特别是战后，部分管理学家和心理学家开始认识到劳动者的行为决定了生产效率、质量和成本。在此基础上，进行大量的案例分析，研究劳动者行为的影响因素。通过这些研究，他们发现人的行为是由动机决定的，而动机又取决于需要。劳动者的需要是多方面的，经济需要只是其基本内容之一。所以，他们强调管理者要从多方面激励劳动者的劳动热情，引导他们的行为，使其符合企业的要求。这一阶段的认识有其合理的一面，但其基本点仍然是把劳动者作为管理的客体。

（3）主题研究阶段：20世纪70年代以来，随着日本经济的崛起，人们通过对日本成功企业的经验剖析，进一步认识到职工在企业生产经营活动中的重要作用，逐渐形成了以人为主体的管理思想。中国管理学家蒋一苇在20世纪80年代末发表了著名论文《职工主体论》，明确提出"职工是社会主义企业的主体"的观点，从而把对职工在企业经营活动中地位和作用的认识提到一个新高度。根据这种观点，职工是企业的主体，而非客体；企业管理既是对人的管理，也是为人的管理；企业经营的目的，绝不是单纯的商品生产，而是为包括企业职工在内的人的社会发展服务的。

2. 职工参与的重要性　实现有效管理的关键是职工参与，职工参与的途径和形式多种多样，有以下三种基本形式。

（1）通过职工代表大会选举代表参加企业的最高决策机构：管理委员会或董事会。职工代表在管理委员会和董事会中应占有一定比例，并享有与其他代表同等的权利和义务。

（2）由职工代表大会选举代表参加企业的最高监督机构：监事会。职工代表在监事会中应占有较多名额，并与其他监事一样，享有监督企业生产经营活动的职权。

（3）广泛参加日常生产管理活动：由于劳动者最了解自己直接参与的那部分生产经营活动的实际情况，因此，他们在参与日常生产管理活动时应有更大的发言权，并且一定能取得更好的效果。

（三）责任原理

管理是追求效率和效益的过程，责任原理意味着在这个过程中要明确每个人的职责。在合理分工的基础上明确哪些人所要完成哪些工作任务，又要承担哪些相应的责任，才能将每个人的潜力挖掘最大化，而这一过程需要明确以下三点。

1. 明确每个人的职责　挖掘人的潜能的最好办法是明确每个人的职责。分工是生产力发展的必然要求。在合理分工的基础上明确规定各职位应担负的责任，这就是职责。所以，职责是整体赋予个体的责任，也是维护整体正常秩序的一种约束力。它是以行政性规定来体现的客观规律的要求，绝不是随心所欲的产物。职责不是抽象的概念，而是在数量、质量、时间、效益等方面有严格规定的行为规范。表达职责的形式主要有各种规程、条例、范围、目标、计划等。一般来说，分工明确，职责也会明确。但两者的对应关系并不这样简单。这是因为分工一般只是对工作范围作了形式上的划分，至于工作的数量、质量、完成时间、效益等要求，分工本身还不能完全体现出来。所以，必须在分工的基础上，对每个人的职责做出明确规定。

（1）职责划分要界定清楚：职责的划分与工作性质有关，工作性质更具有实质性成果的，职责更容易界定；相反则职责的划分比较模糊。应划分出直接责任与间接责任、实时责任与事后责任。在一所医院中，首诊医生负有直接责任和实时责任，其他人如后勤行政部门，通常负有间接责任和事后责任。职责应有明确的制度规定，有明文规定才便于执行与检查、考核。

（2）从整体确定职责：在确定职责的时候，还需要考虑整体因素，例如其他部门、同行业公司、个人协同配合等要求，从组织整体出发来界定相关职责，才能有效达到管理活动的目的。

（3）职责落实到个人：只有将职责落实到个人，建立追责机制，才能使管理效率提高，职责不明、没有分工的共同负责，只会导致管理混乱和效率低下。

2. 职位设计和权限委授要合理

（1）权限：明确了职责，就要授予相应的权利。

（2）利益：权限的合理委授只是完全负责所需的必要条件之一。完全负责就意味着责任者要承担全部风险。任何管理者在承担风险时都要对风险与收益进行权衡。

（3）能力：完全负责的关键因素。职责和权限、利益、能力之间的关系应遵守等边三角形定理。职责、权限、利益是三角形的三个边，它们是相等的；能力是等边三角形的高，根据具体情况，可以略小于职责。这样，负责者会感到工作的挑战性，避免骄傲自大、自以为是，从而能促使管理者更加感恩和谦卑，更加尊重群众、更加自觉地学习新知识，注意发挥智囊的作用，使用权力也会更慎重，获得利益时还会产生更大的动力，努力把自己的工作做得更好。但是，能力也不可过小，以免形成"挑不起"职责的后果。

3. 奖惩要分明、公正、及时　建立健全的奖惩制度，使奖惩工作尽可能规范化、制度化。

（四）效益原理

效益原理指组织的各项管理活动都以实现有效性、追求效益的不断提高为目标，确立管理活动的效益观，以提高效益为核心。了解效益原理，首先要了解什么是效益。效益要与结果、效率相区分。结果是指由投入经过转换而产出的成果，其中有的是有效益的，有的是无效益的。例如，工厂产出产品质量合格是结果，但有卖不出去的产品积压在仓库里，这些卖不出去的产品是不具有效益的。只有被社会接受的结果，即有效的结果，才是有效益的。效率是指单位时间内所取得的结果的数量，反映了劳动时间的利用状况，与效益有一定的联系。追求效益，是管理活动的中心和一切管理工作的出发点。

1. 效益的评价　提高管理效益的途径是确立效益评价体系。效益的评价，可由不同主体从多个不同视角进行，因此没有一个绝对的标准。不同的评价标准和方法，得出的结论也会不同，甚至相反。有效的管理首先要求对效益的评价尽可能公正和客观，因为评价的结果直接影响组织对效益的追求和获得，结果越是公正和客观，组织对效益追求的积极性就越高，动力也越大，客观上产生的效益也就越多。

这里提出两点。一是在评价标准上要注意直接成果和价值的实现。从组织获取的产值、利润等方面看组织目标实现的状况，以考察组织在产品或服务的质量方面所获得的效果和效益。而价值的实现则是比对直接成果的追求体现出更高水平的管理，是一种深层次的管理，如组织文化、经营哲学、组织形象的塑造和开发并向市场推出民众欢迎的产品、服务特色，等等，就是大价值意义上的管理追求。二是在评价内容上应以工作绩效和贡献为主，并分清主客观条件对工作绩效的影响。具体来讲，对管理者的评价主要结合德、能、勤、绩等方面的内容加以考察；对管理集体的评价，要考察其管理的服务态度与质量，与相关管理部门的协调性等。

不论采用什么指标，企业效益的高低最终表现为企业的生存发展能力，并决定了企业未来的生存发展能力。这种能力是市场对企业效益的评价结果，越是成熟、规范的市场，其评价结果就越客观公正；越是发育不成熟或行为扭曲的市场，其评价结果就越不客观、不公正。因此，应该采取综合评价的方法，以避免得到偏颇的结果。评价主体可以是管理者本身，也可以是上级主管或职工，还可以是有相互工作往来、服务关系的其他管理者或管理部门。企业只有综合这些不同评价主体的结果，并做到定性与定量相结合，才能保证评价结果的全面性、客观性和公正性。

2. 影响效益的因素　效益的提升是一切管理活动的主要目标，那么如何能够使效益有效地提高则是所有管理者需要思考的问题。首先，我们需要了解影响效益的因素都有哪些。例如，员工思想、企业制度、行业环境、市场管控等这些人为因素或客观因素，对于管理活动的走向都有着不小的影响，特别是作为管理者，行为与决策更是引导着组织未来的方向。作为管理活动基本职能中的重要一环，如何将效益原理发挥最大化并对管理效益产生直接作用,这就要求管理者把握以下三个方面。

（1）确立可持续发展的价值观：将可持续性发展与效益原理结合起来,就是要兼顾发展与环境,在讲究经济效率的同时,保持与生态环境和社会环境的协调发展；既要注重技术的先进性、经济上的合理性,又要注重对社会的效用性和天人合一的和谐性。例如,一些在生产过程中排放出大量有害气体,使得周围环境受到污染的企业；或以次充好,出售劣质且高价产品的公司,会受到社会的谴责,以及来自经济、法律、行政等方面的严厉制裁。因此,作为管理者,应当使组织具备的强制性约束力的激励环境,使组织能够正确处理好经济效益与社会效益、局部效益与全局效益、短期效益与长远效益、间接效益与直接效益等方面的关系,把过程与结果、动机与效果有机地结合起来。

（2）局部与整体效益的追求达成统一：局部效益与整体效益如何取舍、如何共存是管理者必须要面对的抉择。企业的经营战略该如何制订,局部与组织的关系如何协调,局部与整体的效益能否朝着共同目标实现,这些都是管理者所要考虑的问题。同样地,局部效益与全局效益相互依存、相互作用。例如,全局效益低时,局部效益也难以稳步提升；局部效益达不到组织的要求,那么整体的效益也无法更进一步。两者既是统一的,又是矛盾的,当局部效益与整体效益发生冲突时,管理者应带领组织做到局部服从整体。

（3）寻求长期稳定的高效益：企业是否能保持长期稳定的高效益,决定着它是否能够在竞争激烈的市场中立足,因此,企业的经营理念和管理方向是企业管理活动的核心。若企业对当下的经济效益感到满意而驻足不前,不懂得进一步求发展、求改变,将随时被时代的浪潮摒弃。所以,管理者们必须有远见卓识和创新精神,用长远的理念来经营管理,不能只驻足于眼下的收益,应着重分配资源于开发研究中来,花时间和成本去提高职工的技术水平和文化道德素养。

（五）适度原理

1. 适度原理的应用　管理活动中存在许多相互矛盾的选择。例如,在业务活动范围的选择上专业化与多角化的对立。专业化经营可以使企业拥有稳定的业务方向和顾客队伍,从而有利于企业完善管理,改进技术；多角化经营则可以使企业有广阔的市场,从而承受较小的经营风险。又如,在组织结构的安排上,有管理幅度宽窄之分。较宽的管理幅度可以减少管理层次,从而可以加快信息的传递速度,提高组织高层决策的及时性,还可避免上级对下级工作的过多干预,从而有利于发挥下级在工作中的主动性；较窄的管理幅度则可以减少每个层次的管理者需要处理的信息数,从而有利于有价值的信息被及时识别和利用,还可以使管理者有较多的时间去指导下属,从而有利于下属工作能力的提高。再如,在管理权力的分配上,有集权与分权的矛盾。集权可以保证组织总体政策的统一以及决策执行的迅速,分权则可增强组织的适应能力，提高较低层次管理者的积极性。

在这些相互对立的选择中，前者的优点恰好是后者的局限之所在，而后者的贡献恰好构成了前者的劣势。因此，组织在业务活动范围的选择上既不能过宽，也不能过窄；在管理幅度的选择上，既不能过大，也不能过小；在权力的分配上，既不能完全集中，也不能绝对分散，必须在两个极端之间找到最恰当的点，进行适度管理，实现适度组合。

2.适度管理的意义　适度管理的根本原因可能在于管理所面对的不确定性以及与这种不定性相关的管理实践的艺术性特征。组织管理是对面向外部、伸向未来的活动的协调。活动类型的选择、活动条件的获取、活动成果的实现，在很大程度上都取决于外部环境的特征。这个制约内部活动的外部环境不仅其构成错综复杂，而且其特征在不断地发生变化，因而组织是不可控的，甚至是不可预测的。组织内部的人因知识、能力、思维模式等的差异，对环境中出现的各种问题的认知判断以及据此选择的应对措施也往往是不同的，甚至可能出现两种以上完全对立的意见。在这样的背景下，管理者需要艺术地运用科学的管理理论和方法，在错综复杂、矛盾对立的背景中审慎地做出适当的选择。

三、管理原理的重要性

管理原理是现实管理现象的一种抽象，是大量管理实践经验的升华。它指导一切管理行为。

掌握管理原理有助于提高管理工作的科学性，避免盲目性。管理原理是不可违背的管理的基本规律。例如，很多企业存在管理混乱，职工积极性不能充分发挥，企业经济效益很差甚至大量亏损的情况。出现这种情况，其原因虽然复杂，但认真分析一下，都是与违背管理原理分不开的。认识管理原理之后，实践就有了指南，建立管理组织、进行管理决策、制定管理制度等就有了科学依据。

研究管理原理有助于掌握管理的基本规律。管理工作虽然错综复杂、千变万化，但万变不离其宗，各类管理工作都具有共同的基本规律，管理者只要掌握了这些基本规律，面对任何纷繁杂乱的局面都可胸有成竹，管理得井井有条。在现实生活中，许多管理者是通过自己的管理实践，经历漫长的积累过程，才逐渐领悟到管理的基本规律。通过学习管理原理，将能加速人们掌握管理基本规律的过程，使人们更快地形成自己的管理哲学，以应付瞬息万变的世界。

掌握管理原理有助于迅速找到解决管理问题的途径和手段。依据组织的实际情况，建立科学合理的管理制度、方式与方法，使管理行为制度化、规范化，使管理的许多常规性工作有章可循、有规可依。这样，领导者就可集中精力对例外事项进行管理，即使领导者有变动，系统运作仍可照常顺利进行。

第三节　档案管理学研究方法

一、对比分析法

（一）对比分析法的概念

对比分析法，也称比较分析法。比较是和观察、分析、综合等活动交织在一起的，是一种复杂的智力劳动。对比分析法是一种思维方法，也是一种具体的研究方法。对比分析法是对事物同异关系进行对照、比较，从而揭示事物本质的思维过程和方法。它是人们根据一定的标准或以往的经验、教训，把彼此有某种联系的事物加以对照，从而确定其相同与差异之处，进而对事物进行分类，并对各个事物的内部矛盾的各个方面进行比较后，得出事物的内在联系，从而认清事物的本质。对比分析法是对两个或多个事物进行对比性研究，这种对比研究可以发现事物的相同点或不同点，从而能够对有关研究对象的属性和特点有一个比较清楚的认识。这一方法是研究性课程实施中常用的研究方法，是确定对象间异同的一种思维方法，即根据一定的标准，对某种事物的客观现象在不同情况下的不同表现，进行比较分析，从而找出客观事物的普遍规律及其特殊性本质，力求得出符合客观事实的结论。讨论多重或交互因果关系，显然不同于一般研究中常用的各式各样的比较。

（二）对比分析法的适用性

在对比分析法的运用过程中，一些学者已经总结出一些规则，一般的比较包括区域对比和问题比较。区域对比是研究一个国家或地区的制度等问题，而问题比较则是比较研究两个国家或地区，或者几个国家或地区的制度等问题。若使用区域对比的方法，就必须要对所研究的国家或地区的问题有一定程度的了解，那就需要研究者本人曾经有参观访问的经历，在适当的时间、地点和环境下获得第一手资料，有时也被称为现场研究法。研究者可以进行长期观察研究，也可以进行短期研究。这种研究最大的优点是所获得的材料真实可靠，但是不容易做到，能够有机会去国外单纯进行学术研究的人还是少数。大部分研究国外制度的学者都是通过另一种途径——文献研究的方法，通过分析重要文献来了解情况是比较切实可行的方法。这也被称作是二手资料，言下之意是借鉴别人研究出来的东西。需要强调的是，比较研究中的"二手资料"，有时也是"一手资料"。比如，某个国家的法令、教学计划、教科书、教学大纲等，都是一手资料。不管是参观访问，还是借鉴文献，目的都是为了收集资料，所以需要鉴别资料的真伪，选择有助于研究的资料，而且还要旁征博引，使资料丰富起来，才有足够的说服力。问题比较又可分为专题比较和综合比较。

专题比较就是把各国同一个问题放在一起比较；综合比较是对国际的现状和趋势做全面、综合的比较。

（三）对比分析法的使用

对比分析法在使用时应经过以下四个阶段。

1. 确定研究对象　研究者在使用对比分析法时，首先应明确要研究怎样的对象，想比较什么，通过比较想达到怎样的目的。为此，必须收集相关的资料文献，明确比较目的、选定比较主题。这是比较研究的前提和基础。为了达到这一点，研究者应明确比较的内容和范围，也就是说，想在哪一个维度上对哪些材料进行比较，这既是一个比较标准的选定问题，同时也是一个比较目标的具体化问题。这一步骤是比较研究的依据和基础。选定比较的维度是比较研究能否科学进行的前提。同时在实行过程中应注意确定对比的中心思想以及主要内容，划定对比的范围，建立如何进行对比的标准。

为了从文献中得到更加确切的知识，在确定研究对象时有必要对研究对象进行实地考察，将感性与理性相结合。在收集研究对象有关信息时，应尽可能通过多种途径，在收集信息的过程中不仅要注意信息的数量，更要注重信息资料的质量，要能保证信息的来源具有一定的权威性，资料内容客观公正，具有代表性。这样所研究的对象才会是普通民众的实际映射，研究的结果才能反映出事物的本质。在这个过程中，我们建议最好不要使用经过多番转手的资料信息，有可能影响信息的真实性。这样严谨的程序要求研究者们在资料信息收集过程中具备专业的相关理论基础与较高的道德素养，从而体现信息收集的科学性。

2. 描述与释义　研究者将搜集来的资料做出释义，为下一步的比较分析奠定基础。对要进行研究的对象进行客观详尽地描述，并对所了解的研究对象的现状进行解释，说明这些现状所具有的含义，做到了解事物的发展与原理。辅以社会学、政治学、经济学、人文学、历史学、心理学、哲学等多学科知识，将所描述的研究对象现状与社会的一般现象联系起来思考，深度说明这些现状所具有的现实和历史意义，这就是描述与释义的目的。

3. 提出假说　对各种资料按比较的指标进行归类、并列。从严格意义上讲，比较研究从并列阶段才开始。在这个阶段，首先把前一阶段里已描述并解释过的事物进行分类整理，并按可以比较的形式排列起来；然后确定比较的格局，并自设立比较的标准；最后进一步分析资料，提出比较分析的假说。

4. 对比验证　在此阶段，要对前一阶段提出的假说进行验证。这一步是对比研究的重要部分，研究者将信息资料收集完毕之后，按照制订的标准进行对比，找出其中的不同之处，并分析该差异存在的缘由，最后应对对比过程及结论做出总结分析。

对比时应以客观事实为基础，对所有材料进行全面、客观的分析。对比验证是四个阶段中最重要的一个步骤，其主要任务是对第三阶段所列材料进行全面的对比分析，验证第三阶段所提出的假说，做出最后的结论。

以上四个阶段相互联系、各有侧重，前一阶段为后一阶段提供条件、打好基础，与后一阶段互为依托。

（四）对比分析法的适用条件

对比分析法并非适用于任何研究，需要满足以下条件时才可展开进行。进行对比的对象应同属一类范畴，系同种事物，对比过程中使用共同标准，否则不可以对比；进行对比的对象应在两个或两个以上；对比分析应发生在不同角度下；应挖掘研究对象的本质共性，不可仅对比研究对象的表象特征，因此研究对象应具有内在联系，概念上具有可比性。

二、文献统计分析法

（一）文献统计分析法的概念

文献统计分析法包含了文献计量学与引文分析法，是我们在研究中运用的重要方法之一。它的原理是基于数理统计学建立模型、研究分析数据。研究对象的选取一般为具有实体特征的文献，如期刊、论文、专著等。文献统计分析通过一系列逻辑方法的使用，如比较、归纳、抽象、概括等，对文献资料的引用、使用进行分析，对其分布结构、数量关系、变化规律和定量管理展开探讨，以揭示其数量特征和内在规律。文献统计分析需要一定的数学基础，会涉及概率论与数理统计的知识内容。

值得一提的是，引文分析有多种不同的方式。若一篇原始论文发表在期刊上，研究数据来源于这篇论文中所产生的被引文献，那么数据被获取的方式称之为直接法；若我们在寻找数据的过程中借助"科学引文索引"（Science Citation Index，SCI）、"期刊引证报告"（Journal Citation Report, JCR）等文献分析工具，则这种分析方法为间接分析。如果考虑文献引证的关联性，可分为自引分析、双引分初、三引分析等；如果从不同的出发点与内容来分析，可分为数量分析、网状分析、链状分析。数量分析用于评价期刊和论文，研究文献情报流的规律等；网状分析用于揭示科学结构、学科相关程度和进行文献检索等；链状分析指科技论文间存在着一种"引文链"，如文献 A 被文献 B 引用，文献 B 被文献 C 引用，文献 C 又被文献 D 引用，等等。对于这种引文的链状结构进行研究可以揭示科学的发展过程，并展望未来前景。

（二）文献统计分析法的优点

1.有助于研究工作的开展 文献的收集是研究工作中重要的一环。研究变量何其多，研究者们选定一个方向，选择一个自己感兴趣并且有意义、能够得以扩展的课题并非易事。从提出假说到根据假说来寻找研究对象存在的关联，进而提出新的思维方式或研究理念，通过对文献的学习，将自身得出的结论进行验证后形成新的概念，从而完成研究工作。那么，如何阅读文献，从文献中得到自己想要的内容，如何提出与研究对象存在关联的假说，些都离不开文献的统计分析。

2. 具有广泛参考性　作为个体，我们的实践经验是有限的，我们无法见证历史的发展，也无法直接观察或是探访历史长河中那些人物的思想和行为。即便身处在同一时代，也会因地域、经济等限制，无法对想要研究的对象进行研究。因此，我们在研究前人留下的瑰宝时，必定要借助相关文献。例如，在研究孔圣人儒家思想时，往往会借助《论语》这一记载着其生平与思想的文献开展研究。我们在分析时会特别注意文献中的引文、被引文，引文现象是普遍存在的。在已知的世界范围内的论文、期刊中，约有90%以上使用引用文献，平均每篇论文引用文献15篇。在我国，可查询到的重要科学类论文中，约88%引用了有关文献，平均每篇中文科学论文有引用文献8.9篇。从上述数据中可以看出，文献的引用对于论文、期刊的重要性不言而喻。文献统计分析正是依托于如此庞大的文献引用率，使得这一分析方法广泛适用。

3. 具备真实性　文献往往不是为了证明某项研究而存在的，而是当发生某些事件时，被当时的亲历者所录下来的，因此文献所包含的信息通常是真实事件发生的记载。作为研究者，在使用文献的时候不会使被收集的文献资料本身发生变化，也不会因文献中的言论受到影响，从而避免了其他因素的干扰。这种干扰因素在调查试验中不易避免，会影响研究结果的准确性。

4. 具备实用性　与实地调查法、访谈调查法等直接接触的方法相比，文献统计分析法更加方便、自由且费用低。只要查到文献，随时随地可以进行研究，不受研究对象、研究场所和研究情景等因素的限制。不需要研究者具有十分专业的知识，研究的深度、广度可以由自己控制。因此，信息人员都倾向于使用文献统计分析法来完成一些有价值的研究课题，解决一些工作中的实际问题。

5. 便于对调查对象做纵向分析　文献统计分析法适合于对研究对象在一段时期的发展变化开展研究。研究角度往往是探寻一种趋势，或者弄清楚一个演变过程。例如，要研究改革开放以来我国师范教育和师资培养的发展，不可能在时间上倒退回去调查师范院校的情况，或者使用调查法来请当事人回忆当时的情况，因为这种回忆也会由于主观误差太大而失去意义。这时就可以依靠多年积累的与师范教育有关的各种各样的文献资料来研究。

（三）文献统计分析法的适用性

利用文献统计分析研究与追踪某一学科或技术领域的产生、发展、分化、渗透的过程，探讨其规律性；在未来研究工作中，利用文献计量数据估计某一学科或技术领域的发展动向及其前景；在图书馆工作中，利用文献统计分析确定重点期刊和图书资料利用率，为合理采购和贮藏图书资料提供依据；在情报工作中，可以阐明情报资料的特性，诸如文献的增长率、价值寿命和分散规则，据此可以合理确定自动检索中回溯检索的期限、资料报废期限、累积索引期限等。

1. 判别核心期刊　文献分析可以有效地确定哪些是核心期刊。通过对文献的引用与被引用，可以客观地看到期刊是否刊登了核心文献。尤金·加菲尔德（Eugene Garfield）作为引文索引分析的先驱，曾做过这样一个研究：加菲尔德将期刊以期刊引证率的次序进行排列，得到每一学科的文献都包含了其他学科的核心文献。通过将所有学科的文献加在一起，便构成了一个科学的、整体的、多学科核心文献，而刊登这些核心文献的期刊仅有一千种左右。加菲尔德发现，通过研究文献的引文可以找到一定规律，从而确定核心期刊。例如，化学领域的主导性期刊为《美国化学会会刊》，生物化学领域的主导性期刊为《生物化学》，确定被这两种期刊引用最频繁的期刊，就可以界定这两个领域的核心期刊。

2. 加强文献利用工作　通过对文献使用收藏年限的研究，找出文献最佳收藏年限使文献利用工作效用最大化。如何找出文献最佳的收藏年限呢？我们可以从文献的老化规律中得出一二。当前对文献老化的研究是围绕对引文的分析展开的。根据美国著名科学史专家普赖斯（Derek John de Solla Price）的研究，可以将受引文献分为两大类，即档案文献与具有现时作用的文献。

$$普赖斯指数 = \frac{近五年被引用的文献数量}{被引用的文献总量} \times 100\%$$

普赖斯指数值用于衡量文献老化度，普赖斯指数越大，文献老化越快。表 3.1 列举几个不同学科期刊的普赖斯指数值。

通过分析普赖斯指数，从而找到文献的老化规律，并据此制订出文献的最佳收藏年限等管理方案，促进文献利用工作的进行。

表 3.1　不同学科期刊的普赖斯指数与平均引文量

期刊名称	普赖斯指数	平均引文量（篇）
物理评论	72	11
美国化学学会期刊	50	17
美国社会学评论	31	25
美国数学杂志	29	9
英国社会学杂志	27	22
语言学	18	14
ISIS 国际科学史杂志	8	18

3. 研究学科结构　文献中的引文内容往往在学科与学科之间存在着一定关联。通过对引文与被引文的点群分析，以引文网状关系为切入角度，探寻学科与学科间的内在关系，研究学科组织架构，划分学科作者群体，分析推测学科间的交叉、渗透和衍生趋势，还能对某一学科的产生背景、发展概况、突破性成就、相互渗透和今后发展方向进行分析，从而揭示科学的动态结构和某些发展规律。1974 年，加菲尔德通过电子计算机技术，正式运用了引文分析，找出 1972 年与 1973 年生物医学领域各主要课题、各课题间的关联，并且勾勒出新课题的示意图，对生物医学内部结构研究起到重要意义。

4. 研究文献情报流向规律　科学技术活动伴随着科学信息过程而展开，科学技术活动离不开科学交流。科学交流一般指科学文献情报交流。通过科学文献的引证和被引证的事实，可勾勒出科学交流的轨迹和情报传递的规律。通过科学文献的引文分析，如分析文献引文链、文献的引文网络，探索情报的流向规律，进而总结科学发展的历史与规律。有学者曾利用引文分析法探查我国省际医学情报交流情况，选择各省 27 种代表性医学期刊中的 1350 篇论文，被这些论文所引用的文献约占全部医学文献的 12%，其中上海、广东、天津等省、市医学文献大量被其他省医学文献引用。在该样本范围内，上海、广东、天津这 3 个省、市的医学文献占全国各省市间文献情报交流量的 52%。它们是医学文献情报的主要输出省、市，其他省、市基本上是文献情报的输入省。

5. 研究著作者的需求　当著作者成为研究对象时，引文分析法是重要的研究方法。一篇文献的引文与被引文部分往往能透露出著作者的某些特点。例如，参考文献是作者在自己文献中借鉴、学习或有所启发的最具代表性的内容，通常位于文献最后部分。再如，文献中引注部分，同样可以反映出作者的需求特点。结合对比分析法，选取同类学科的作者，对他们发表文献中的引文进行统计分析，可以得出如引文数量、引文文献类型、引文语言类型、引文年代分布等多种指标数据。这些数据在很大程度上可以说明作者在编写文献时的主要需求。

6. 评估科学水准与人才水平　文献的被引率是评估科学水准和人才水平最主要的指标之一，是具有权威性的评判标准，个人或是学术机构乃至国家均适用。当著作者的文献被他人引证时，说明该文献具有学术价值和影响力。这里不得不说到加菲尔德所提出的"影响因子"，指某一期刊文献在特定年份或特定时段被引用的频率。影响因子是目前国际上通用的期刊评价指标。可以看出，文献的引证从一定程度上可以反映出著作者在当前学科领域内的影响与地位。

（四）文献统计分析法的使用

1. 举例说明文献统计分析法的使用　为了更直观地说明文献分析的应用及其步骤，这里给大家举一个利用引文法进行文献利用规律研究的例子。根据文献信息计量学的原理，对当前农业科学研究论文中文献资料利用动态的引文分析，可按以下步骤进行：

（1）选取分析对象：在国内期刊中选择农业科学研究牵涉面较大的《中国农业科学》《信息计量学学》《遗传学报》《作物学报》及《土壤学报》五种刊物的1980年各期，国外期刊选择 *Agronomy Journal*、*Heredity*、*Crop Science* 及 *Soil Science* 四种期刊的 1980 年各期。

由于随机抽样可以使样本有广泛的代表性，即代表一般的农业科学家水平，而不是集中在少数有名望的科学家名下。因此，在上述国内外各四种期刊中随机抽样，各取出 100 篇论文作为统计分析的对象。

（2）统计引文数据：在选出的中外文各 100 篇论文中，分项统计每篇论文的引文数量、引文出版年份、论文作者的自引量、引文的语种、引文文献的类型等。在随机选出的 100 篇中文论文中，共引证文献 1055 篇。其中，引证文献最多的一篇论文，共引证文献 39 篇，引证文献最少的一篇论文，引证文献为 2 篇。100 篇外文论文引证文献 1604 篇，引文最多的一篇论文为 42 篇，最少的一篇为 3 篇。从以上统计中可以粗略看出，同样是 100 篇论文，外文文献的引证量比中文文献的引证量多 549 篇；每篇外文论文作者的引文数量，平均比国内作者要多 6 篇，反映了国内外论文作者在文献利用上的差距。

2. 文献统计分析方法的普遍适用流程

（1）选取文献：寻找所研究领域中的重要文献，包括期刊、著作、会议论文、学位论文等。例如学科领域排名前二十的期刊《管理世界》《中国管理科学》等。

（2）确定分析维度：研究者根据课题研究的需要设计，将资料内容系统判断后进行分类的项目、方面或角度。分析类目确定得是否适当、是否精确，对于文献资料分析能否成功至关重要。也就是说，确定分析维度是文献内容进行计量研究的一个重要前提。通常分析类目的形成有两种方法。李秉德主编的《教育科学研究方法》，以以往的经验，或对某个问题已有的研究成果发展，由研究者根据研究假设自行设计而成。研究者确定分析类目的过程，实际上就是建立分类体系的过程，要做到分析类目的准确、客观，分类时需要遵循以下要求：在分类中，分类标准有且只能有一个分析类目，必须是在进行具体的评判记录前事先确定，不能边分析边适应性地修改补充。不能出现一个分析对象可归入不同类目的现象，各个分析类目之间必须具备一定的独立性。

（3）统计与分析：这一阶段是研究的关键，不仅要对文献内容进行分析，还要将其归类、统计分析。这就要求研究者具备一定的文献分析能力和统计技术。

（4）得出研究结论：有了完善的统计分析结果，我们就要对研究各变量给予描述和解释，但这并不是一件容易的工作。一般往往需要熟悉研究领域的专家参与，以得出科学合理的研究结论。

三、内容分析法

文献统计分析法和内容分析法都是常见的科学研究及情报研究的方法，两者有一定联系，可放在一起比较学习。

（一）两者的差异

1.性质不同　文献统计分析是一种定量分析方法，建立在数学与统计学的基础上，因此通过文献统计分析法得出的结论有量化数据的支持；内容分析法是对文献内容作客观系统的定量分析的专门方法，其目的在于揭示文献所含有的隐性情报内容，对事物发展做情报预测，实际上是一种半定量研究方法，是一种基于定性研究的量化分析方法。

2.研究模型不同　文献统计分析以数学和统计学建立研究模型，通过数据带入模型来对文献的分布趋势进行预测；而内容分析法的实质在于对文献内容所含信息量及其变化的分析，内容分析法对于数学模型的使用较少，属于半定量化的研究方法，常用的方法为推理和比较。推理分为趋势推理、共变推理和因果推理，比较主要有趋势比较、不同内容群比较、内容内部比较、有标准的内容比较。内容分析法是先利用推理和比较的方法，对研究对象的内容特征加以分析，再使用数学和统计学的方法对分析结果加以验证。两者的研究过程中所使用的模型不同，决定了其研究对象、研究过程和应用领域的不同。

3.研究对象不同　文献统计分析法研究的对象主要是文献的外部形式特征，适用于有实体形态的科学文献，如作者、引文、词汇等文献明显特征的部分。内容分析法的研究对象为信息的内容特征，不仅包括显性的信息内容，也包括潜在或隐含的信息内容。因此，相较于文献统计分析，内容分析法所适用的范围更加广泛，形式更加多样，诸如各种文本、图像、声频、视频、多媒体信息等。

（二）两者的相似之处

两者都采用定量分析方法，都以文献的量为研究对象，以文献文本为基本特征。研究步骤基本相同，都要经过确定研究范围、抽取样本、界定分析单元、对分析单元做量化统计，最后根据统计结果建立反映其趋势变化的规律性结论。在这个过程中，两者都涉及某些定量化过程，通过将文献特征表示成一些数据指标来进行统计和推测。

两者的研究方法均不复杂。文献统计分析所采用的计量模型通常是一些纸面上的文献数据，如文献增长率、被引次数；内容分析法同样研究的是具有明确特征的内容，运用较为简单的算法。这两者的研究方法以及使用模型相对于某些高级数据的算法要求要容易许多，但也同样研究结果也相对粗略。

四、实地调查法

（一）实地调查法的含义

作为一种具体的研究方式，实地调查的基本特征是研究者作为真实的社会成员和行为者参与被研究对象的实际社会生活。通过尽可能全面、直接的观察和访谈，收集具体、详细的质化资料，依靠研究者的主观感受和体验来理解其所得到的各种印象、感觉以及其他资料，并在归纳、概括的基础上做出对这些现象的理论解释。

（二）实地调查法的特性

实地调查法作为一种以定性为特征的研究方法，与统计调查等以实证主义方法论为基础的研究方法不同，它具有以下特点。

（1）实地调查法假设特定人群共享着一种知识，对事物有一种认识，研究者的目的就是要进入这一特定人群，并分享他们的知识。研究者要关注这些人是怎么认识的，而不去解答这种知识的真实性问题。因此，研究者进入现场时通常不带有理论假设，更不是去证实或证伪某种理论假设，而是从经验材料中归纳出理论观点，即实地调查法获得结论的途径是归纳推理，而非演绎推理。

（2）实地调查法强调互为主体性或主观互动的关系。研究者不是作为一个纯局外人的主体，而是要设法成为被研究人群中的一员，融入其中，尽量地去共享他们的知识，直到与他们形成共识。有时研究者的身份在研究对象中是模糊的，甚至他们完全不知道研究者的身份。但即使被研究对象知晓研究者的身份，研究者也不干涉他们的日常生活，而是让他们尽可能保持原有的状态活动。因为研究者的加入可能会对他们的生活方式形成干扰，研究对象会以"正确"的行为方式加以回应，从而使收集的资料失真，尤其是敏感的人群或现象更是如此。

（3）实地调查法所考察的对象较为具体和有限，强调对个案的深入观察，收集详尽的资料。因此，这不同于强调广泛代表性的统计调查。

（4）研究者通过实地调查所获得的资料以定性资料为主，主要进行信息深度挖掘及描述分析，以达到对具体对象的理解和认识。这虽然以具体分析为主，但实地研究的目的还包括从具体分析中抽象出一般模式。

（三）实地调查法的适用性

由于实地调查法需要依靠研究者本人对现象本质和行动意义的"深层提述"，最适用于对少数有代表性的、独特的个案或社会事件进行详细、深入的考察，特别是那些只有在现场 —— 自然情景中才能更好解释的群体事件、社会过程和态度、行为，洛夫兰夫妇在《社会情境分析：定性观察和分析导论》一书中讨论了十种适合实地研究的社会生活因素，并称它们为思考的议题。

（四）实地调查法的使用

（1）了解某一调查对象的生活史或发展过程。注重生活史的分析和过程分析，它通过深入的调查来了解每一个个案的生活经历以及生活史中的重大事件，以便探讨个体行为和观念的成因。

（2）分析人们的行为和生活方式与社会文化背景和生活环境的关系。可以通过对社会文化背景的分析，来了解人们的行为。

（3）了解某些独特因素或事件对人们特定行为的影响。某些重大或独特的事件可能会对人们的行为产生非同寻常的影响，甚至可能完全改变一个人的价值观念和行为方式。可以通过对某些独特因素和类似这样的重大事件来了解人们的特定行为。

（4）研究特定文化下的群体行为。可以通过调查个人生活及其社会需求、动机、兴趣，来了解特定文化背景下的群体行为。

（五）实地调查法的注意事项

1. 具有双重身份　在参与式实地研究中，随着研究的深入，研究者常常面临"局内人"与"局外人"的双重身份困境。在此困境中，研究者常常会产生移情效应，即在参与研究对象的日常生活时投入了自己的情感，从而把自己的价值判断引入研究对象的生活、行动中去，进而影响了研究对象的行为方式，这会对研究结果产生不利影响。合理地保持"局内人"与"局外人"之间的张力，即要设置研究者必须时刻注意的原则。成功地保持这种双重身份或者双重角色可以使研究者处于一种十分有利的位置，既可以和当地人接近，了解他们的所思所想，又可以伺机撤出，不必完全拘泥于多数人的礼节。研究者可以同时享有"局内人"与"局外人"的双重身份，既有一种归属感，又有一定的个人空间。这两种身份之间所形成的张力为研究者创造了一定的空间，也为研究者获得灵感和创造力提供了丰富的来源。

2. 伦理道德的影响　实地调查研究关注研究者与被研究者之间的关系对研究的影响，从事研究工作的伦理规范以及研究者个人的道德品质在实地研究中成为不可回避的问题。遵守道德规范不仅可以使研究者个人良心安稳，而且可以提高研究本身的质量。研究者对当事人的责任与对研究的责任之间并不存在冲突，认真考虑研究中的伦理道德问题可以使研究者更加严谨地从事研究工作。

第四节　档案概论

一、档案的起源

关于档案的起源，主要有以下四种观点。

第一种观点认为，在国家诞生以后，产生了文字，用文字记录国家的各种事务，就形成了档案。

第二种观点认为，在原始社会末期产生了原始的文字，国家产生后，用文字记录国家的各种事务，形成了档案。

第三种观点认为，在原始社会末期产生了原始的文字，原始部落用这种文字记录各项事务，就形成了比较原始的档案。国家形成后，形成了比较有条理的档案。

第四种观点认为，原始社会的结绳、刻契，就是原始的档案，文字、国家形成后，形成了比较有条理的档案。

第一、二种观点又称为阶级社会产物论，又称为文字、国家条件说。第三、四种观点又称为原始社会产物说。

二、档案的沿革

档案的沿革可以从以下两个方面分析。

（一）载体的沿革

档案按载体可分为甲骨档案、金石档案、简牍档案、缣帛档案、纸质档案、声像档案、电子档案等。

（二）名称的沿革

1.档案的旧称　"档案"在商代被称为"册"，记录的文字为甲骨文。甲骨档案内容丰富，多反映王室占卜及与之有关的其他活动，是商代留给后人最早的档案文字材料。周代以后，由于占卜文化逐渐淡化，龟甲兽骨的数量在不断减少，甲骨档案慢慢地被其他方式所取代。开始以青铜器（钟、鼎、盂等）及其铭文的结合体为载体，盛行于殷商末期、两周时期，此时的档案被称为"中"。秦汉时期的档案被称为"典籍"，是指用修整过的竹、木作为记录载体的档案。此后，档案还有其他称谓，如魏晋以后被称为"文书""文案"，唐宋以后被称为"文卷""案卷""案牍"等。

2."档案"一词的由来　"档案"一词，一般认为于清代出现。最早于顺治十八年（1661年）的官府文书中，有"档案"一词，即"查得顺治十四年四月臣部题定档案"。至康熙十九年（1680年），《起居注》中记载："上问马哈喇之父与叔父皆殁于阵，部中无档案。"此时尚未统一"档案"这一称谓。康熙四十六年（公元1707年），清代文人杨宾的《柳边纪略》记载："边外文字，多书于木。往来传递者曰牌子，以削木若牌故也；存贮年久者曰档案，曰档子，以积累多贯皮条挂壁若档故也，然今文之书于纸者，亦呼为牌子、档子矣。"此文中对"档案"一词做出了明确解释，因此普遍认为，"档案"一词源自于此，并沿用至今。

另有郑州大学文博学院金玉、王永的文章，认为"档案"一词早在清崇德三年（明崇祯十一年）便开始应用，比《柳边纪略》早了60年。但当时的"档案"所指为仓库财务类的登记簿，与如今的含义并不相同。

三、档案的含义

（一）档案的来源

从形成者看，档案的来源有三类，即机构、组织、个人。过去我国不承认个人拥有档案合法性，不重视个人档案。因此，许多个人保存的档案，没有集中到一个档案馆保管，相应地削弱了有些档案的利用价值。而国外有些国家的档案管理机构认为，个人应合法拥有档案，并且可以将个人档案合法保存在档案管理机构，由这些管理机构代为保管，这些国家承认档案合法性。直到 1996 年我国公布的《中华人民共和国档案法》中规定，档案有三种所有形式：国家所有、集体所有、个人所有。

（二）档案的形成

当文书资料满足以下条件时可转化为档案：

1. 流程办理结束的文书资料　文书资料的流程办理结束并非绝对的结束，是指这份资料的流程处理结束，而不是指将资料中所述事宜处理完毕，这里有三种情形：

（1）资料中所述事宜要求立即处理，并且已处理完毕。

（2）资料中所述事宜需要持续一段时间来进行，如一些条约、合同或远景规划等。这种情况通常要求完成文书资料的流程即可，即文件已签收或已开始执行等。

（3）不涉及资料中所述事宜的处理，只需文书资料流程办理结束。

2. 具备研究利用价值的资料　应对从事社会实践活动的档案工作者及利用者，具有凭证和情报作用。

3. 文书资料应以一定标准与规律进行保存　应将零散的信息进行系统、规范地整理。

（三）档案的内容

档案的内容反映了人们的各种社会活动，具有以下两个特征。

1. 内容丰富，涵盖广泛　档案所记载的内容上至国家层面，下至机关个人，囊括了历史文化、军事政治、经济发展等各行各业、各个时期的社会活动。

2. 原始性　档案是历史的原始记录，或说是原始的历史记录，这是档案的本质属性。档案不是人们有意识编写、加工的，而是为完成某项工作自然形成的。对于后人来说，档案是第一手的资料。因此，档案具有很大的凭证作用。

原始性与真实性的区别：从整体上看，档案是比较可靠的历史记录，但具体到每一份文件，大多数档案是真实的，部分档案并非如此，主要有两种情况。一是形成上不真实，是假造、伪造的档案；二是档案内容失真，形成是真实的，但其内容不真实。因此，我们应该辩证地看待这个问题。一方面我们不能不加鉴定、不加分析地百分之百相信档案的真实性和可靠性，另一方面我们也不能怀疑一切。应当看到绝大部分的档案是真实、可靠的，有部分档案是虚造、不真实的，但这些也有保存价值，不能随意销毁、涂改。

四、档案与相关事物的比较

（一）档案与图书的比较

1. 不同之处

（1）性质不同：档案并非是有意识地编写、杜撰的；图书是作者为了某种目的，有意识地撰写的。

（2）数量不同：档案往往是原稿原件，一般只保存一件（孤本）或几件，失而不可复得；同一种图书往往印刷成千上万册。

（3）作用不同：档案是历史的原始记录（并非全是真实记录），绝大多数档案具有信证作用，同时在社会生活各个方面都产生重要作用；图书一般没有法律信证作用，在许多方面不如档案重要，图书的作用是传播知识。

（4）保密性不同：少部分档案含有一定的机密，不能向社会随意公开，但并不排除向某些人公开；图书基本上是公开发行，不需要保密，但有些图书属于内部资料。

（5）形式不同：档案以单份和卷宗的形式为主，并且手写体居多；图书主要是一本本装订完好的，印刷体占绝大多数。

2. 相似之处

（1）两者目前都以文字记录为主

（2）两者都记载了人类社会的知识，都包含了一定的信息量，都属于信息资源的范畴。

（3）在一定条件下，两者可以互相转化、互相弥补。例如，利用一些档案资料编写成图书，由于种种原因，原档案不见了，就可用所编写的图书代为档案。

（二）档案与情报的比较

1. 情报的本质属性

（1）情报的根本属性之一是知识。

（2）有一定利用价值的知识才具有情报价值。

（3）情报是知识运动的过程之一，即情报是传递着的知识。

2. 两者的比较　　情报比档案的内涵丰富，涉及的范围更广；另一方面，情报始终处于传递过程，是一种无形的东西，它的外在形式有图书、资料、档案等多种文献。

（三）档案与文物的比较

文物是留存下来的具有历史、艺术、科学价值的遗物。大多数文物和档案属于两种不同的事物，如古文化遗址、建筑、工艺品、墓葬、图书资料等，都是文物。有部分文物是重要的历史档案，如历代手稿，部分石刻、简牍、甲骨文、契约、古代书信等，这些事物就具有双重性，部分文物和档案具有交叉性。明清时期以前的文物一般都保存在文博部门。

（四）档案与文献的比较

文献的范围相当广，人类历史留下的图书、档案、资料等都称为文献。档案是文献的一部分或一种文献，因此"档案文献"这一说法也是可以的。

（五）档案与资料的比较

资料一般具有参考性质，起着推广经验、传播知识、提供信息的作用。与档案有关的资料在没有档案原件的情况下，就更具有参考作用。保存与馆藏有关的资料，可以辅助档案提供作用，补充档案的不足，还可以为档案馆工作人员的政治、文化、业务的学习和工作提供参考资料。

五、档案的作用

（一）历史上档案发挥的作用

明内阁大学士邱濬曾这样评价档案："今世赖之以知古，后世赖之以知今者也"。档案作为人类生产生活中产生的原始记录，伴随着历史长河的流淌，对各朝各代的文化发展都起到了重要的作用。

1. 为朝代更替提供借鉴　新朝代总会保存前朝的档案，以史为鉴，借鉴其管理制度上的合理之处，并总结其亡国的教训，加以改进，从而促进政治制度的继承和发展，推进社会各方面的改革。

2. 为编史修志提供资料　春秋时期，百家争鸣，大量统治阶级的档案流散到社会上，国家扩大了对档案收集、传播和利用的范围，为编史修志提供了可信的资料。例如，鲁国史官左丘明编修的《左传》和《国语》，先秦诸子编纂的《尚书》等。

3. 为学术发展提供参考　文学家或史学家们通过利用档案文件，从中获取所需信息，完成相关著作。例如，司马迁著《史记》，班固著《汉书》等。

（二）当代档案的作用

1. 行政工作开展的依据　行政工作并不是凭空开展的，而是建立在实事求是，有据可循的基础上。档案正是行政工作得以实行的重要凭据。每个机关或单位开展日常工作都会在档案中留下痕迹。例如，行使行政职权的法律依据，处理行政事务的过程与结果以及管理活动的经验。这些作为机关或单位至关重要的宝贵资料都是作为档案所能为行政工作的开展提供关键性的作用，是作为任何一个政府、机关单位所必须查考的凭据。现代档案之父谢伦伯格（T·R·S chellenberg），曾在《现代档案 —— 原则与技术》一书中提出："档案是政府借以完成其工作的基本行政工具。"档案为工作开展所提供的帮助不仅仅局限于一些规章条例，通过对日常工作的记录，可以为管理者节约时间成本，使管理者不需要从杂乱无章、纷冗繁长的资料中找寻依据，而是通过有规律的档案来查清状况、学习经验、制订计划、进行决策、处理各类问题。特别是在制定政策、落实改革、建立健全相关制度的工作活动中，都需要借鉴参考档案中记载的内容。正如前文所说，一旦档案丢失形成杂乱无章、无迹可寻的状态，仅仅依赖记忆会给管理者工作带来更多附加困难。不论是制定党和国家的方针政策，还是处理机关单位的具体事务，可以说档案是行政工作中一种必需的工具，在行政管理中借助档案展开工作可以有效避免官僚主义的滋生。因此，档案工作对于提高管理效率，加强行政管理工作有着重要意义。

2. 促进生产经营发展　生产经营活动对于社会发展的重要性不言而喻，我们生产经营活动的开展过程自然不是一帆风顺的，需要在不断摸索中前行。那么档案在其中所起的作用既像一盏照明灯，又像一位评论家，为生产经营活动提供了大量可利用的信息。我们可以从档案中记载的内容得到自然资源、技术手段、生产流程等相关信息以做参考，同时，档案中记载着我国很长一段时期生产经营活动的状况、成果，为促进现代化生产经营活动提供参考，我们可以从中总结经验与教训，取其精华去其糟粕。例如，为了提高某地农业生产水平，研究者调取当地数十年来的相关资料，从农作物种植种类、种植面积、每亩产量、水利设施、气象结构、基层管理、灾情记录等方面进行调研，做到切实规划、有效管理，进而制订有针对性的综合性农业生产计划，扬长避短，使地区优势发挥到最大化，达到增加产量的目标。对于灾害多发地区，档案的利用具有重大意义。研究者可以通过调取往年档案了解灾害多发的时间节点，从中总结规律，找出当前地区灾害频发的原因，并根据往年灾害应对措施进行总结分析，制订出适应性强的防灾救灾计划，减少灾害对农业生产的侵害。如果没有档案的存在，无案可考，当灾害发生、管理层出现更替，会造成重复工作甚至发生事故的不良后果。实践告诉我们，要想加快生产力发展，促进经济效益水平，调取档案、查阅资料是必不可少的环节。

在社会发展的趋势下，不断产生着新的科技档案，这些档案印证着科学技术水平的进步，代表着我国正迈入现代化新征程。这些档案无一不反映着过去到现在的生产经营活动，为国家的事业发展提供了多角度、多层次的可利用信息。不论是收集数据统计信息、提供咨询支持研究，或是制订生产活动计划、完善生产流程、研发新生产业技术、传播更为成熟与时俱进的管理理念等，档案都提供了不可忽视的重要作用。

3. 具有一定法律效力　档案所拥有的独特性质——原始性与真实性，使其得以在需要发挥作用时作为书面文件行使法律权利。档案是发生过的事件的真实记载，所记载的内容、存在的形式都是作为可以切实证明组织与个人正当利益的物证。可以说，档案在记录当时所发生的事件时，也一并记录了事件所涉及人物的相应权益，档案不仅仅是一份记载历史的纸质材料，更是拥有一定法律效力的证据资料。例如，档案中留存的存根、账本、单据，涉及企业的经济往来；或是协议、合同，这些与企业经营息息相关的内容；又或是一些记录、报告、批件机关、事业单位的重要文件；等等。这些档案涵盖广泛、内容繁多，涉及社会、政治、经济各个层面，并不只是记载了一个事件的发生、经过与结果，而是同样记载了事件中人物各方面所承担的权利义务，还有一些可用于证明当事人的资历，应享有的待遇和拥有的荣誉。

当我们发生利益纠纷或是产生涉及法律问题的争执时，合理运用档案是解决问题的途径之一。档案作为有力的物证，可以有效指出各方的权益划归。例如，发生债务纠纷或是个人资历与待遇不符等问题时，可以通过档案的调取查阅来维护我们的正当利益。

4. 政治作用　任何时候，社会的发展都离不开政治因素，档案中也记载了许多政治资料。在奴隶制和封建社会中，统治阶级把档案看作"插入鞘中的剑"，君主的"护卫"。民国时期的档案学著作中，也不断载有"档案乃'政治之工具'"方面的论述。例如，我国保存的档案中记载了中国人民在面对虎视眈眈的国内外敌对势力，面临施加于人民的罪恶行径时奋起反抗、顽强斗争的革命史实。档案正是对历史最真实的写照与记录，是党和国家在政治斗争中可靠的根据和锐利的武器。未来，政治斗争仍将继续存在，特别是在国际斗争中，档案作为维护我国主权，同霸权主义斗争的有力工具，将继续发挥政治作用。

5. 为科研活动提供支持　"为了实现向科学进军的计划，我们必须为发展科学准备一切必要的条件。在这里，具有首要意义的是要使科学家得到必要的图书、档案资料、技术资料和其他工作条件。"这是周恩来同志在1956年提出的。可见早在65年前，我国的档案工作对于科研活动的重要支持这一思想已初具雏形。不论是哪个学科的研究，都离不开大量的资料与数据支持，那么这些资料、数据从哪里得来呢？查阅资料是最好的方式之一，档案是可靠的资料。

首先，档案可以为研究者们提供前人的研究经验。历史长河中哪些人物进行过哪些相关研究，产生了哪些研究思想，得出了哪些结论与成果，这些可以为研究者们提供理论来源。通过档案中记载的事件，可以得到丰富的数据与实验的基础，为研究者的工作提供有价值的研究方向。在编撰书籍或是撰写论文时，同样需要收集大量资料，要集前人之理论与现代之发展于一体，在相关领域中探索，在原始资料中挖掘有价值的信息，这正是文献的魅力所在。一如马克思《资本论》的诞生，正是在大量原始资料中归纳总结，进而提出创造性的理论。脱离资料与数据的研究难以成功，档案的有效使用是科研工作顺利开展的必备条件。

6. 宣传教育的生动素材　档案之所以能够成为宣传教育的生动素材，是因为它以历史性、直观性和原始性等而见长，能够使人铭记历史，通晓古今，具有一定的宣教意义。

（三）档案发挥作用的规律性

（1）档案对机关的作用和社会作用的双重性。

（2）档案机密性的递减律。

（3）档案科学文化作用的递增律。

（4）实现档案价值的条件：受社会发展水平的限制，受公众对档案认识水平的限制，受档案管理水平的限制。

六、国家档案全宗

国家档案全宗是指国家所有的全部档案的总和。按时期结合性质，可以将它分类如下：先以 1949 年 10 月 1 日为界，分为中华人民共和国成立前档案和中华人民共和国成立后档案。中华人民共和国成立前档案按政治性质分为革命政权档案和旧政权档案。革命政权档案又称为"革命历史档案"，是指五四运动至中华人民共和国成立期间中国共产党领导的新民主主义革命的档案；旧政权档案是指国民党政府、伪满政权、北洋政府以及历朝历代封建制政权、奴隶制政权的档案。

第五节　档案工作概论

一、档案工作的内容和性质

（一）档案工作的内容

档案工作的内容有广义和狭义两种解释。

1. 广义　指档案事业所包括的档案馆工作、档案室工作、档案事业管理工作、档案教育、档案科学研究和出版工作等。

2. 狭义　指档案室和档案馆所从事档案业务工作，即用科学原则和方法管理档案，为党和国家各项事业服务的工作。

（二）档案业务工作内容

档案业务工作内容有六环节之说和八环节之说。

（1）六环节之说的档案业务工作内容可分为收集、整理、鉴定、保管、统计、提供利用。其中前五个环节为基础工作，后一环节为提供利用的工作。

（2）档案业务工作的划分不是绝对的，随着档案工作的开展而发生变化，检索和编研成为独立的工作内容，六个环节就变成八个环节。

（三）档案工作的性质

（1）档案工作是一项管理性的工作，专门负责管理档案；是某种管理工作的组成部分；是专门管理档案的科学性工作。

（2）档案工作是一项服务性的工作。

（3）档案工作是一项政治性的工作。

除此之外，还有"条件性、科学性"等提法。

二、档案工作的基本原则

1956 年 4 月 16 日颁布的《国务院关于加强国家档案工作的决定》中规定：档案工作的基本原则是"集中统一地管理国家档案，维护档案的完整与安全，便于国家各项工作的利用"；到 1987 年 9 月 5 日通过的、经三次会议修订后于 2021 年 1 月 1 日施行的《中华人民共和国档案法》中规定：档案工作实行统一领导、分级管理的原则，维护档案完整与完全，便于社会各方面的利用。在这里，我们采用最新的提法。档案工作由三个部分组成。

（一）统一领导、分级管理

1. 统一领导　指我国档案工作实行全面规划和统筹安排，有统一的方针政策，由国家制定统一的档案法规和业务标准，实行统一指导、监督和检查。

2. 分级管理　指由各级档案事业管理机关分层负责管理档案工作。各地方档案事业管理机关应按照国家关于档案工作的统一规定和要求，结合本地区情况，制定本地区的档案工作规划、制度和办法，指导、监督和检查本地区档案工作。

3. 分专业管理　指中央和地方专业主管机关，可按照国家关于档案工作的统一规定和要求，结合本专业系统情况，制定本专业的档案工作规划、制度和办法，指导、监督和检查本系统各单位的档案工作。

4. 实行党政档案和党政档案工作统一管理　关于党政档案统一管理，是中国档案工作的特点。过去，我国同苏联一样，实行党政档案分开管理，后来才高度集中统一管理。其具体内容如下：

（1）一个机关党政、工、团档案，由机关档案室集中管理。

（2）各级党政机关形成具有长远保存价值的档案由中央档案馆和地方综合性档案馆集中管理。

（3）由档案事业管理机关负责党政系统的档案工作，并进行统一指导、监督和检查。

党政档案工作统一管理的优点：党政档案都是在贯彻党的路线、方针、政策中产生的，有着密切的联系，统一管理便于利用。党和政府的档案工作在管理原则、制度和方法上没有多大差别，统一管理、力量集中、指导统一，党政档案工作统一设置机构，符合精简原则。

（二）维护档案的完整与安全

维护档案的完整与安全是档案管理最起码的基本要求。只有保证档案的完整与安全，才能为档案工作提供必要的物质基础。

1. 维护档案的完整

（1）确保档案数量的完整：保证应该集中和实际保存的档案不致残缺短少。

（2）确保档案质量的完整：从系统性方面要确保档案的内在联系与外在联系的存在，不应有人力造成档案内容散落无章的行为。

2. 维护档案的安全

（1）保证档案管理的物质安全：保护档案本身不受损坏，确保档案保存时间。

（2）保证档案管理的政治安全：防止档案被蓄意破坏，确保档案机密不泄露、不失密。

（三）便于社会各方面的利用 —— 根本目的

1. 体现档案工作的服务性质　档案工作必须不断地提高服务效率和服务质量，为档案利用者尽可能地创造方便条件。

2. 档案工作系统的总目标　全部档案管理活动的最终目的，都表现在提供档案信息为各项社会实践服务这个集中点上。作为一个系统，它的目的性必须明确。

3. 档案工作各业务环节的出发点　支配着档案工作的全过程。档案的收集、整理、鉴定、保管、编目等各项工作，都应以便于利用着眼，不能脱离系统总目标。

4. 检验档案工作效果的主要标准　档案工作做得是否有成效，最主要是看它能否为国家和社会做出贡献，能否创造社会效益和经济效益。

（四）认识档案工作基本原则的辩证关系

我国档案工作基本原则的三个组成部分，是辩证统一的关系。

（1）统一领导、分级管理是核心，没有统一领导、分级管理就不能维护档案的安全与完整和全社会各方面的利用。

（2）离开维护档案的完整与安全和便于社会各方面的利用，统一领导、分级管理就失去了它的意义。

（五）档案工作基本原则的重要性

我国档案工作基本原则把复杂的档案工作现象，高度概括为三句话，文字简明，但内涵丰富，揭示了档案工作的客观规律。它不仅对指导我国档案工作实践具有重要意义，对档案工作理论与实践的发展有很大的贡献。

三、档案机构

（一）档案室与机关档案工作

1. 关于机关档案工作的性质，历来有几种不同提法

第一种提法：机关档案室是机关秘书部门性质的一种辅助机构，机关档案室工作一般是机关秘书工作的一部分。

第二种提法：机关档案工作是一项机要工作或专门工作。

第三种提法：

（1）机关档案室是整个机关的组成部分，属于机关管理和研究咨询性质的专业

辅助机构。

（2）党、政、军等机关单位的档案室，又是机关的机要部门之一，具有机要部门性质。

（3）档案室作为全国档案工作的基层机构，是国家档案工作组织体系的重要组成部分。

第四种提法：

（1）档案室是机关、团体、企业、事业单位统一管理本单位档案的内部机构，主要为所在单位提供相应利用工作。

（2）档案室又是国家档案事业组织体系基层组织，是档案馆工作的基础。

从上述提法中可以看出，档案室在档案工作中拥有双重性的性质。

2. 基本任务

（1）档案室对机关和各部门形成的各种文件材料的收集、整理、立卷和归档工作进行指导和监督。（机关档案室不直接参加立卷工作，而由文书部门进行，同时也有根据具体情况具体分析的）

（2）集中统一管理机关各种门类和载体的档案，积极提供利用，保障机关相关工作顺利完成。

（3）在统一领导、分级管理的原则下，由各专业主管机关或所属单位和对本专业的档案工作进行监督和指导。①传达和贯彻有关档案工作的方针、政策、法规和国家行政管理部门和规定、办法。②制定本机关、本系统和所属单位档案工作管理办法。③本专业体系所属单位和本单位的档案人员进行专业培训。

（4）按规定向档案馆移交应该进馆的档案。

（5）办理其他档案业务相关的工作。

3. 档案室的类型　①机关档案室，也称为普通档案室、文书档案室；②科技档案室；③音像档案室；④人事档案室；⑤综合档案室；⑥联合档案室，有些类似于档案服务中心、文件中心。

（二）档案馆

1. 档案馆的性质　档案馆属于党和国家的科学文化事业机构，是永久保管档案的基地，是科学研究和各方面工作利用档案史料的中心。在我国，大部分档案馆负责统一保管党和政府机关档案，是具有管理职责的机构。它既属于党，又属于国家。

档案馆保存有机密文件或称机要档案，因此，档案馆具有机要性。

2. 档案馆的基本职责和具体任务

（1）档案馆的基本职责：集中统一地管理党和国家需要长期留存的档案与史料，维护历史的真实性，保存历史真实面貌，为国家社会主义现代化建设的长远发展提供服务。

（2）档案馆的具体任务：①对具有留存价值的档案资料进行征集，接收来自各机关、单位中具有保存价值的档案资料，进行科学统一的专业管理；②积极开展档案的利用工作，为社会提供服务；③参与地方社情的历史编纂工作，即史志编修。

3. 档案馆的种类

（1）按地区划分：①中央级档案馆，如中央档案馆、中国第一历史档案馆、中国第二历史档案馆、中国电影资料馆等；②地方档案馆，又有省（自治区、直辖市）、地区（市、自治州）、县级档案馆，如北京市档案馆、新疆维吾尔自治区档案馆、柳州地区档案馆、桂林市档案馆。

（2）按类别划分：①综合档案馆，如中央档案馆、四川省档案馆等；②专业档案馆，各地特殊载体档案馆、城市建设档案馆，如中国人民解放军档案馆、中国照片档案馆。

（3）按地区结合类别划分：①中央级综合档案馆，如中国第一历史档案馆；②中央级专业档案，如中国照片档案馆；③地方综合性档案馆，如上海市档案馆；④地方专业性档案馆，如上海市气象档案馆。

（三）档案行政管理机构

1. 档案行政管理机构的性质　党和国家指导和管理档案工作的行政部门，既是党的机构，也是政府机构。

2. 档案行政管理机构的基本任务

（1）制定方针、法规性文件、规章制度。

（2）对档案工作进行指导、监督和检查。

（3）制订发展规划，筹建档案馆。

（4）提出鉴定档案的原则和标准，确定档案的研究价值、留存时间等方面的问题，监督销毁。

（5）组织并指导理论和技术研究，提出方案。

（6）召开会议，研究问题，交流经验。

（7）发展档案专业教育，评定职称。

（8）组织档案的利用工作。

（9）党和国家领导机关交办的有关档案工作的其他事宜。

（四）档案机构之间的关系

1. 档案行政管理机构之间　为上级对下级进行业务指导和监督。

2. 档案行政管理机构　对档案馆和档案室等档案业务机构进行业务指导和监督。

3. 机关档案室与档案馆之间　无隶属关系，互为档案交接关系；各级档案馆（室）之间，无隶属关系，互为协作关系。

第四章　档案的收集与归档

第一节　档案收集工作概述

一、档案收集工作及其特定概念

（一）档案收集工作

按照有关规定和需求把分散的各个机关、各个单位以及个人手中的档案乃至散失在国外的历史档案有计划地分别集中到各有关机关的档案室或各级各类的档案馆之中，实现档案集中统一管理。

（二）收集

我们所说的收集是指对档案管理一项具体活动的描述，因此很难避免"收集"这个兼有专职性、概括性的习惯性通用术语。我们认为，所谓的档案收集就是按照档案的形成规律把分散的材料接收、征集和集中起来。因此，我国档案界还是通用收集这个概念。

二、档案收集工作的内容

1.针对机关档案室　机关档案室对本机关需要归档的文件材料的接收工作。

2.针对档案馆　档案馆对各现行机关和撤销机关具有长远保存价值的档案的接收和征集。

3.针对历史档案　档案馆对历史档案的接收和征集。

三、档案收集工作的重要性

收集工作是档案管理工作中的一个极其重要的业务环节，同其他业务环节相比，它处于一个极其特殊的地位。这种重要的地位主要体现在以下四个方面。

（1）档案的收集是档案室和档案馆取得和积累档案的一种手段。它为档案工作提供了实际物质对象，是档案实体管理工作的起点。实践证明，没有收集就没有档案管理工作，没有完整不断地收集就没有健全持久的档案管理工作。因此，收集是档案工作的入口，是档案实体管理工作的第一个环节，只有做好收集工作才能为档案工作提供实际的管理对象。

（2）收集工作是实现档案集中统一管理的一个重要方法和一项重要的具体措施。

因此，我国档案工作的基本原则要求把具有长久保存价值的档案集中保存在机关档案室或者国家档案馆，使之成为提供利用的中心。只有有效地做好收集工作，才能实现集中统一管理，可以说没有收集就没有集中。

（3）档案收集工作质量的高低会直接影响档案的整理、鉴定以及提供利用等其他环节的工作。如果我们不重视档案收集工作的质量就很容易造成档案的残缺不全，这就会导致整理档案时无法保存档案之间的历史联系，而档案的残缺不全或者不完整又会影响其价值的判定，即影响档案的鉴定，更重要的是它会直接影响档案的提供利用。重视档案收集工作的质量是贯穿收集工作始终的一个重要问题。

（4）收集工作是档案部门与外界各方面产生联系的重要环节之一，因为收集工作是取得档案的首要任务，这就肯定要和外界产生联系。因此，收集工作是一项政策性强、接触面广、工作方法要求比较高的工作，需要我们投入较大的精力。

四、档案收集工作的要求

1. 归档和进馆档案应齐全完整　保证归档和进馆档案的齐全和完整是贯穿档案收集工作始终的一个重要要求。

2. 加强馆（室）外的调查和指导　这就要求在收集工作中重视馆（室）外的调查，主要是掌握应该收入档案馆（室）档案的分散、流动、管理、使用等方面的信息，对形成档案的种类、内容、成分、数量、保存价值以及其整理、保管等情况有一个清楚的了解。然后在调查研究的基础上确定接收档案的时间、范围，同时在接收前还应该做好业务指导，以保证接收档案的质量。

3. 保持全宗与全宗群的不可分割性　全宗，指一个机关或者独立法人的档案有机整体，这个整体是不可分割的。档案馆接收档案时必须把一个机关新形成的档案作为一个全宗，集中在一个档案室或者档案馆，不允许人为地分割。

4. 推行入馆档案的标准化　1987年底颁发了文书档案案卷格式标准，对于卡片、案卷目录、卷皮都有具体规定。

5. 收集工作必须抓住重点　重点应是反映本机关主要职能活动和基本历史面貌的档案。这类档案不是以上级来文为主，如会议记录、总结报告等。一定要避免只保存上级文件而不保存本机关文件。要注意保存收集原稿原件。

6. 注意处理局部与整体、当前与长远的关系　档案的保存时间应为20年左右。省辖市（州、盟）和县级以下的机关应将永久保存和长期保存的档案在本机关保存10年左右，连同案卷目录一式三份和有关的检索工具、参考资料一并向有关档案馆移交。

五、丰富档案馆（室）藏档案的内容与门类

（一）丰富馆（室）藏是档案馆（室）的首要任务

档案馆（室）工作成就如何，在一定程度上取决于档案馆（室）藏量的多少以

及其完整程度和质量高低，这是由档案馆（室）的工作基础和物质条件决定的。因为档案馆（室）的工作对象就是档案，特别是档案馆，其藏量越丰富，年代越久远，内容越珍贵，它为社会做出贡献的可能性就越大，从而也就会受到社会的重视和支持，其地位也就能够不断地得到提高。从国外比较来看，我国档案数量很少。目前，我国馆（室）藏还需进一步丰富，造成馆（室）藏缺乏和现有结构不合理的原因是多方面的，如很多机关保留有数量庞大的档案，没有归档或没有向档案馆移交，另外，很多二级单位的档案长期没有归宿，有些档案馆的馆藏结构不合理，非常单一。

从档案材料的内容和属性来看，综合性、方针政策性和指示性的材料偏多，反映具体问题、落实具体政策、具有典型意义的材料偏少；反映政治、经济、科研活动，尤其是反映民生方面的档案材料偏少，反映一般性工作活动的档案材料多；反映本专业和具有地方特色的材料偏少。从门类上看，党政档案材料多，专业档案材料少。从载体上看，纸质档案材料多，新型载体档案材料少。从时间上看，中华人民共和国成立以后的档案材料多，中华人民共和国成立前的历史档案相对较少。所以说，继续丰富馆（室）藏，改善馆（室）藏的结构是一项长期任务。

（二）丰富馆（室）藏的标志

1. 数量充分，质量优化　档案收藏的丰富性取决于数量与质量的辩证统一。丰富馆（室）藏无疑应增加档案数量，但是仅有数量是不够的，必须以质量做保证，在强调丰富馆（室）藏的同时应强调优选，只归档和接收有保存价值的档案，始终坚持数量与质量并重。

2. 成分充实，结构合理　在档案总结方面，既要接收反映党政机关活动的档案，也要收集科技专业等方面的专门档案，尤其是反映民生方面的档案。在形成单位方面，既要有机关、企业、事业单位的档案，也要重视收集一些著名人物的档案，如手稿、信件、家谱、族谱等。在内容上，要注意全面收集反映政治、经济、科技、文化、军事、外交等方面宏观与微观材料。在载体方面，既要包括传统的纸质档案，也应该包括现代各种特殊载体的档案。这样不同来源、不同内容、不同形式、不同载体的档案可以互相补充，互相印证，从而使收藏的档案不断丰富充实。

（三）丰富馆（室）藏的方法

1. 接收档案应全面　在收集档案时，不应出现漏接，各个类别的档案做到应接尽接。全面接收档案可以丰富馆（室）藏，使馆（室）藏结构趋于完备。在接收过程中既要接收各个部门的档案，同时也要接收各个专业的档案，保证档案接收工作完整完成。

2. 重视个人档案　在这里，个人档案应区别于人事档案。在档案收集中，应特别注意个人档案的留存。人事档案的收集具有一定局限性，通常只针对中高级干部，而个人档案涉及的范围更加广泛。例如，民间的古法传方、各自领域成就突出的人物书信、手稿等，都是可以进行鉴定成为具有一定留存价值的档案资料。但相较于人事档案的收集，个人档案的接收工作仍有待提高。

3. 扩大接收征集范围　档案馆在接收工作中应注意涵盖多级单位，包括一级单位与二级单位，县、乡级档案馆应注意接收征集下属村、组中具有保存价值的资料。

4. 注意接收有关资料　包括丛刊、旧著、文物、其他一些实物（主要指印章、锦旗、锦标、证件、样品、标本等）。

（四）以辩证思维对待丰富馆（室）藏

1. 处理好馆（室）衔接与互利的关系　档案馆丰富馆藏不能缩短机关档案室保存档案的时间，更不能把档案室的档案全部接收进来，"富馆空室"的做法是不可取的。过早地把机关档案接收进馆，不仅会给机关利用造成不便，而且档案室不能有效地为机关提供服务，会直接影响机关档案室工作的开展和加强，这样的结果对机关档案室的发展也是不利的。因此，处理好馆（室）的衔接，双方互惠互利，把档案馆与档案室的建设结合起来，使两项事业能够同步发展。

2. 处理好综合与特色的关系　尤其是地方档案馆应突出地方特色。各地的综合性档案馆应保存本地区各机关、单位各种类型、各种载体的档案材料，档案内容能反映本地区政治、经济、科技、文化、宗教、民族等各方面的历史面貌。其次要具有地方特色，因为每个地区都有自己的地貌物产、重大的历史事件和著名人物，有传统的经济产品、名胜古迹和旅游资源，有民族宗教特色以及风土人情，所以收集档案时除了接收机关、团体档案外，还要重视对反映本地区历史面貌档案的收集，从而形成地方特色。

3. 处理好广度与深度的问题　广度是指接收面要广，扩大接收范围，目的是使馆藏的门类、载体和内容多样化。深度是指接收档案的内容要深化，即接收的内容除综合性、指导性、政策性等能够反映国家地区概貌以外的档案材料，还应注意收集一些典型性、经验性、地方性，具有一定深度的，能够反映一些重大活动、重大事件的档案材料。

4. 处理好档案与资料的关系　指档案馆与档案室在收集档案的同时要重视收集和保存与馆（室）藏内容有关的资料。理论上讲，馆（室）的任务是保存档案。但是由于各种原因，造成有些档案残缺不全，使其不能完成任务，而收集和保存与馆（室）藏有关的资料，可以在一定程度上弥补档案材料不全和档案内容记录不详的缺陷。资料收集范围主要包括各种文件汇集、资料汇编、统计资料、大事记、组织沿革，还有一些传记材料、回忆录、本机关出版的一些报刊、书籍、图片、年鉴、史志、家谱、族谱，以及反映本地区、本民族习俗、风土人情、宗教信仰、文物古籍等方面的资料。有的可以和档案一起接收，有的需要各机关、团体的赠送，必要的时候可以有计划地购买。

第二节　档案室的归档工作

一、建立健全归档制度

（一）归档制度的定义

正常情况下，机关档案室的收集工作主要是指机关内文件材料的归档。归档是指各机关在工作活动中不断产生的文件材料处理完毕后不得由承办单位和个人分散保存，必须由文书部门或业务部门予以整理，并定期移交给机关档案室集中保存。因为归档是我国明文规定的一项制度，通常称其为归档制度。

1956 年颁布的《国务院关于加强国家档案工作的决定》里规定：全面推行文书处理部门立卷，以建立统一的归档制度。各机关办完的文书材料应由文书处理部门整理立卷，并定期向机关档案室归档，改变把零散文件随办随归档和成堆归档的错误做法。同时要求各机关的档案材料（包括各机关的收发文件、内部文书、会议记录、电话记录、记述文件、出版物原稿、印模）应由机关的档案业务机构——档案室集中管理，不得由承办单位和个人分散保存。 1983 年，中央办公厅、国家办公厅印发的《机关档案工作条例》再次指出机关应建立健全机关的归档制度。 1987 年《中华人民共和国档案法》第十条规定：对国家规定的应立卷归档的材料必须按照规定定期向本机关档案机构或者档案人员移交，集中管理，任何个人不得据为己有。这就使我国的归档制度以法律的形式固定下来。

（二）建立健全归档制度的必要性

1. 从档案的形成来看　文件转化为档案是通过归档来实现的，它是文书工作的终结，又是档案工作的开始。归档是一个关卡，把好这一关，我们的档案就会完整齐全。

2. 从机关档案工作的角度来看　可以说它在一定意义上是建立在归档制度基础上的，因为没有归档制度就不会有完整齐全的档案。没有完整齐全的档案就不会有健全的档案工作。所以建立健全归档制度不仅可以保证档案室能够有连绵不绝的档案来源，为开展各种档案业务活动创造条件，而且也是为国家积累档案财富的重要保证。

二、归档制度的内容

（一）归档制度

各单位在工作活动中不断产生的文件，处理完毕以后，经由文书部门或文件工作人员整理，定期移交给档案室收集保存，称为归档。在我国，这是党和国家规定的一项制度，称为"归档制度"。

（二）归档范围

《机关文件材料归档范围和文书档案保管期限规定》于 2006 年 9 月 19 日公布，

在这一文件中有详细规定。各单位可根据这一文件精神，结合本单位实际情况，制订本单位的文件材料归档与不归档的范围。该归档范围规定见文后附录1。

然而由于对所参考价值理解不一，在实际工作中本应归档却没有归档的现状有：

（1）一些短期保存的文件材料没有归档。

（2）本机关的党组、保卫、人事、纪检、财务等要害部门的档案没有归档。

（3）一些会议记录、负责人讲话的记录、检查指示工作的记录、本机关内部形成的文件等没有归档。

（4）没有经过机关盖印的文件、领导人亲启的文件、外出开会带回来的文件等等没有经过收发手续的文件材料没有归档。

（5）重要文件的历次修改稿没有归档。

（6）领导有重要批示的转处文件没有归档。

（7）一些重要会议的新闻稿、领导在媒体上的讲话没有归档。

（8）本单位一些统计报表、数据没有归档。

（9）新闻媒体发表的有关本单位的新闻报道、图片、录像没有归档。

（三）归档时间

机关文书处理部门或业务部门一般应在第二年上半年（次年6月底）前档案部门移交档案。

（四）归档案卷的质量要求

1. 归档案卷质量总要求　遵循文件材料形成的规律和特点，保持文件之间的有机联系，区别不同的价值，便于保管和利用。

2. 具体要求

（1）归档的文件材料种类、份数、页数都应完整齐全。在归档的文件材料中，应当将每份文件的正件与附件、印件与定稿、请示与批复、转发文件与原文件、多种文字形成的同一文件，分别立在一起，不得分开，文电应合一立卷。归档的文件材料保持它们之间的历史联系，区分保存价值，分类整理立卷，案卷标题简明确切，便于保管和利用。

（2）不同年度的文件一般不得放在一起立卷，但跨年度的请示与批复，放在批复年立卷；跨年度的规划放在针对的第一年立卷；跨年度的总结放在针对的最后一年立卷；跨年度的会议文件放在会议开幕年立卷；非诉讼案件放在结案年立卷；其他文件材料的立卷应按有关规定执行。

（3）卷内文件材料应区别不同情况进行排列，密不可分的文件材料应依序排列在一起，即批复在前，请示在后；正件在前，附件在后；印件在前，定稿在后；重要法规性文件的历次稿排在定稿之后；非诉讼案件卷结论、决定、判决性文件在前，依据性材料在后；其他文件材料依其形成规律或特点，按有关规定排列。

（4）卷内文件应按排列顺序，依次编写页号或件号。装订的案卷，应统一在有文字的每页材料正面的右上角、背面的左上角填写页号；不装订的案卷，应在卷内每份文件材料的右上方加盖档号章，并逐件编件号；图表和声像材料等也应在装具上或声像材料的背面逐件编号，声像材料应用文字标出摄像或录音的对象、时间、地点、中心内容和责任者。

（5）永久、长期和短期案卷必须按规定的格式逐件填写卷内文件目录，对文件材料的题名不要随意更改和简化；没有题名应拟写题名，有的虽有题名但无实质内容的应重新拟写；没有责任者，年、月、日的文件材料要考证清楚，填入有关项内；会议记录应填写每次会议的时间和主要内容；填写的字迹要工整。卷内文件目录放在卷首，有关卷内文件材料的情况说明，都应逐项填写在备考表内。若无情况可说明，也应将立卷人、检查人的姓名和时间填上以示负责。备考表应置卷尾。卷内文件要去掉金属物，对破损的文件材料的修裱。

（6）案卷标题，如"关于××等中央领导人的重要讲话""关于××等地区粮食问题的报告"，"等"字表示省略。"等"作为一个模糊的概念输入计算机，利用查找不便，可以尽量把名字罗列出来，计算机才能显示出来。另外，"本机关""我校"中的"本""我"也是模糊概念，同样是不确定的，不要使用。

3. 归档中应注意的问题

（1）电话答复重要问题、会议记录、一些高级领导人的即席讲话应当记录下来形成文字，并要标明作者（责任者）、时间、地点、办理情况等。

（2）注意基层单位的收集工作，一般收集会议记录、决议、请示和报告、计划总结、生产统计报表、分配方案、财会凭证和财务簿、单位的简史等。

（3）要求归档制度的标准化，即用于档案管理的各种图表的外形尺寸、大小、用纸应当统一。需要注意的是，国家档案行业标准《归档文件整理规则》自2001年推出，于2016年6月1日起实施新版标准使用至今。该规则具体内容见文后附录2。

三、归档工作应注意的问题

1. 档案室应关注文件材料的形成　为保证归档文件的完整，档案室工作人员不仅要通过归档把已经形成的文件材料收集齐全，而且要关注文件形成和处理过程中的情况。

2. 协助文书处理部门做好归档组织工作　① 坚持执行归档制度。②平时立卷按时归档，一年一清，不至于积压散失，有利于档案的完整齐全，便于形成者的查考利用，提高机关的工作效率。③由于文书处理人员和业务人员清楚本单位的业务活动及文件形成的内在联系，由他们负责归档，有利于保证归档的质量。④由文书处理部门归档可以使档案室工作人员有更多的时间做好自己的本职工作。

3. 协助督促文书处理部门和业务部门做好归档前的准备工作　①要正确选择立卷归档环节（立卷归档，即立卷地位、立卷工作放在哪个部门、哪级机构的问题）。

立卷环节要和本机关的组织形式相适应，采用分设立卷的办法。②要制订机关单位与单位之间，有关机关与机关之间的立卷范围，避免重复立卷。什么样的文件在什么机关组织立卷，什么档案不需要立卷，必须做到有规可循。特别是一些上级机关办公室和办公厅应该对业务部门做出比较具体的规定，各机关要根据自己的实际情况对文件的分工立卷做出相应的规定。例如，如何分工立卷？外级机关发过来的文件，特别是综合性的文件及本机关产生的综合性文件一般由办公厅或者办公室负责立卷；属于部门业务性的文件材料一般由业务承办部门负责立卷；本机关的发文由形成者立卷；合办文件一般由主办单位立卷；会议文件由主办者立卷。总之，谁办谁立卷。要求档案机关之间分工立卷，一般上级党委发过来的文件放在党委办公厅立卷；政府部门发来的文件由政府办公厅立卷；上级业务部门发来的文件由有关业务部门负责立卷。这样可以在一定程度上避免进馆档案重复。

4. 做好临时性文件的收集工作，以补充归档制度的不足　这是一项补救措施，在实际工作中常常归档不全或者不归档，所以这种临时性收集显得尤为重要。临时性文件的收集主要结合保密检查、机构检查、人员调动、临时性工作活动等，有时在进行鉴定时，剔除文件中一些文件，可将有用文件收回。

第三节　档案馆的收集工作

一、档案馆档案的来源及收集

（一）档案的来源分类

1. 接收现行机关的档案　指正在履行正常工作的机关单位，这部分档案的特点是不断产生和形成。所以说它是档案馆档案不断丰富和增长的主要源泉。

2. 接收撤销机关的档案　指由于各种各样的原因被停止工作职能或者撤销行政建制的机关单位。

3. 征集历史档案　一般是指中华人民共和国成立前历史上曾存在过的一些政权机关、团体、部队、学校、企业、事业单位和著名人物的档案。

4. 档案馆之间的交接档案　档案馆之间送交不属于本馆保管范围档案的工作。

（二）档案的收集范围及保留期限

1. 收集范围

（1）本级各机关、团体及所属单位的具有永久保存价值的档案，省辖市（州、盟）和县级档案馆同时接收长期保存的档案。

（2）属于本馆应当接收的撤销机关、团体的档案。

（3）属于本馆应当接收的中华人民共和国成立以前的各种档案。

（4）档案馆之间交接档案。

2. 保管期限

（1）省级以上档案馆接收立档档案单位保管 20 年左右的永久保存的档案。

（2）省辖市（州、盟）和县级档案馆接收立档单位保管 10 年左右的档案。

二、现行机关与撤销机关档案的收集

（一）现行机关档案的收集

现行机关档案是我国社会主义革命和社会主义建设具有重要历史意义和现实的宝贵财富。对这部分档案的接收是档案馆收集工作的常规操作。从档案馆的发展来看，档案馆馆藏内容的丰富程度、馆藏质量的高低、馆内工作秩序的好坏，以及提供利用的效果如何，乃至本馆地位的提高，在很大程度上都取决于这部分档案的收集。因此，我们应该投入足够的力量组织好这项工作，为此应做好以下几点。

（1）深入调查研究，做到胸中有数。了解每个属于拟接收机关的档案的形成特点、保存数量、整理状况、保管条件、提供利用的情况，等等。对于这些问题专门调查，要有统计数据和文字记录，目的是为了有计划地安排接收工作。所以，档案馆应该有专门的人负责这项工作，如有可能应该把这项工作制度化。

（2）在调查的基础上做好档案移交前的业务指导和各项准备工作，尤其是在机关档案室整理移交档案之前做好业务指导。另外，还要做好档案业务移交前的人力、物力安排和准备工作，以便接收时能够做到井井有条。

（3）坚持进馆档案的质量要求和完备的接收手续。《档案馆工作通则》对此有严格的规定，具体来讲，有以下几个方面的具体要求：①以全宗为单位进行认真的整理，保证档案的完整与系统。②档案按照立档单位的组织机构或问题或年度相结合的方法予以分类，同时要将党政机关内的党、政、工、团等各种档案一并整理，统一移交。③文件统一立卷，保管单位要符合相关的标准，卷内文件要系统排列，力求保持文件的内在历史联系，而且卷内文件要编写章号、页号，并填写好卷内文件目录。④案卷的标题应该简明准确，但是还能全面反映案卷内的全部内容。⑤对有损毁的文件要采取一定得保管措施，予以整理。⑥案卷装订要符合相应的标准，案卷封面的编目应该有必要的项目要求、机关与机关机构的名称、起止时间、保管期限、档号（全宗号、案卷目录号、案卷号、页号）。⑦要注意接收和档案有关的材料，补充档案收集上的不足。如一些政策性的文件汇编、统计数字、小报、定期或者不定期的刊物。

（4）要从实际出发，灵活掌握档案的入馆时间。根据相关规定，我们对接收档案时间上的要求是，现行机关档案在本机关保存的期限，原则是省级以上机关应该将永久保存的档案在本机关保存 20 年左右，省辖市和县级以下应该将永久保存的档案在本机关保存 10 年左右，然后向档案馆移交。接收时要考虑档案馆的环境、保管条件，还要考虑机关的性质和档案的特点，此外还要考虑机关离档案馆的远近及交通条件。总之，要从机关的实际情况出发，决定入馆的时间。

（二）撤销机关档案的收集

机关撤销或合并必须将本机关的全部档案进行认真清理，妥善保管，不得分散，并依照规定进行移交和适当的处理。由撤销机关组织人力，负责整理好档案，然后再向有关档案馆移交。机关撤销或者合并时，如有尚未处理完毕的文件，移交应受理这些文件的新机关继续处理，并作为新机关的档案加以保存。如果机关撤销，则该机关档案要一同并入另一机关档案室，但接收后这部分档案要单独保管。如果一个机关并入另一机关，则该机关档案要一同并入另一机关档案室，但接手后这部分档案要单独保管。如果两个或两个以上机关合并为新机关，这几个机关的档案应由新成立的机关接收，但合并前的档案要分开保管。

撤销机关的业务分别划归几个机关的，其档案材料不得随之分散，仍作为原机关档案的一部分，按全宗整体移交有关档案馆，或由其中一个机关完整地代管。一个机关交入另一个机关，或几个机关合并为一个新的机关，其档案材料仍按原全宗为单位向有关档案馆移交，或由新机关代管。一个机关内一部分业务或者一个部门划给另一个机关接收，其档案材料不得由原全宗中抽走而带入接收机关，如果接收机关需要利用，可按手续借阅或者复制。

三、各级国家档案馆收集档案范围的规定

2011 年 11 月 21 日，国家档案局发布第 9 号令，公布《各级各类档案馆收集档案范围的规定》中规定：

第二条 各级综合档案馆依法接收本级下列组织机构的档案：中国共产党委员会及所属各部门；人民代表大会及其常设机构；人民政府及其所属各部门和单位；人民政协及其常设机构；人民法院、人民检察院；各民主党派机关；工会、共青团、妇联等人民团体；国有企业、事业单位。

各级综合档案馆可全部或部分接收以上机构的下属单位和临时机构的档案。

乡镇机构形成的档案列入县级综合档案馆接收范围。

第三条 中华人民共和国成立前本行政区内各个历史时期政权机构、社会组织、著名人物的档案列入综合档案馆收集范围。

本行政区内重大活动、重要事件形成的档案、涉及民生的专业档案列入综合档案馆收集范围。

经协商同意，综合档案馆可以收集或代存本行政区内社会组织、集体和民营企事业单位、基层群众自治组织、家庭和个人形成的对国家和社会有利用价值的档案，也可以通过接受捐赠、购买等形式获取。

第四条 各级部门档案馆，收集本部门及其直属单位形成的档案，但其中履行行政管理职能的档案，要按有关规定定期向综合档案馆移交。

第五条 各级专门档案馆，收集本行政区内某一专门领域或特定载体形态的专门档案或档案副本。

第六条 国有企业、事业单位设立的档案馆，收集本单位及其所属机构形成的档案。国有企业发生破产转制，事业单位发生撤销等情况，其档案可按照有关规定由本级综合档案馆接收。

第七条 省级以上（含省级）档案馆接收保管期限为永久的档案，省级以下（不含省级）档案馆接收保管期限为永久和30年以上（含30年）的档案。

第八条 档案馆要适应信息化建设的需要，收集电子档案和纸质档案的数字化副本。有条件的档案馆应根据国家灾害备份的要求，建立电子文件备份中心，开展电子文件备份工作。

第九条 档案馆在收集档案时，应同时收集有助于了解档案内容、立档单位历史的资料，收集有助于管理和利用档案所必需的专用设备。

第十条 各级各类档案馆要根据本规定制定本馆的收集档案范围细则和工作方案，经上级档案行政管理部门同意后施行。

四、历史档案

（一）历史档案的概念

习惯所称的历史档案，是指在中华人民共和国成立以前的档案。它包括革命历史档案，以及民国时期的档案和历代王朝的档案。

（二）我国革命历史档案在档案部门的基本状况

革命历史档案是一个历史概念，它是指中国共产党及其领导的革命组织和革命活动家在中华人民共和国成立前形成的档案。这一批档案是我们党和老一辈革命家领导革命斗争的历史文化财富，对于我们研究革命史、党史，以及总结历史经验，进行爱国主义和传统教育都有着重要意义。由于中华人民共和国成立前中国共产党始终处于地下斗争和游击战争的斗争环境，所以这批档案的保存存在以下问题：①残缺不全；②大量流失到国外；③不系统、不集中；④档案载体材料差。

（三）收集整理革命历史档案的意义

收集好革命历史档案是正确总结历史经验和教育子孙后代的生动素材，是保护我们伟大祖国历史文化遗产、维护党和国家历史面貌的重要措施。

这是一项具有抢救党和国家历史文化财富性质的工作，是党和国家当前与长远利用的需要，是实行档案集中统一管理的一项有效措施。

（四）征集途径

档案馆可向有关单位征集代管的建国以前的档案和材料，向兄弟档案馆征集，向图书馆、博物馆、纪念馆征集，向古旧书店、废品收购部门征集，向寺庙、古迹保管部门征集，向个人征集，向少数民族地区历史档案馆征集。

第五章　档案的整理与鉴定

第一节　档案整理工作概述

一、档案整理工作的内容

档案整理工作就是把需要进一步条理化的档案进行基本的分类、组合、排列和编目，使其系统化。这项工作是以区分全宗、分类、组卷、排列等形式加以完成的。经过整理后的档案应该尽量达到全面、历史地反映立档单位的活动面貌，能够揭示出文件材料之间的相互联系，保证查找的顺利，以便充分发挥档案的作用。

在档案学中，档案的整理通常指狭义上的档案整理，其内容主要包括区分全宗、分类（全宗内的分类）、组卷，卷内文件的整理，案卷封面的编目，案卷的装订，案卷的排列和案卷目录的编制等一系列内容。上述工作就是档案整理工作的基本程序，这个程序又成为整理工作的基本环节。这个工作环节是从整体上讲档案整理工作的基本程序，但具体操作起来并不是在任何情况下各项工作都必须全做。档案馆（室）整理档案总的来说有三种情况。

（1）档案室在正规条件下，接收的是文书处理部门或业务部门按归档要求整理好的档案，而档案馆在正常情况下接收的是机关档案室按入馆要求整理好的档案。因此，档案馆（室）是在正常情况下进行更大范围的整理，即从整个档案馆（室）对档案的排放和各种管理要求出发，对这些档案做进一步的系统整理和编目。

（2）档案馆（室）对已经整理好的档案进行局部加工或者进行质量检查，对不符合要求的案卷予以加工整理。

（3）接收的零散文件必须予以全过程整理。档案整理工作如从作业环节的性质上划分，也可概括为系统化和基本编目两大类。

二、档案整理工作的步骤

（1）了解情况，拟订方案：主要应了解立档单位的情况，其成立、撤销和变化的时间以及原因，其职能、隶属关系、内部机构、负责人情况、文档工作情况，其印章和标记；还应了解全宗的数量、所属年代（形成时间）、主要内容、保管状况、完整程度、混杂情况、整理质量及提供利用时间。

（2）区分全宗和分类。

（3）细分和组卷、草拟案卷标题。

（4）初步排列案卷顺序，检查分类是否合理，并进行适当调整。

（5）全面审查修改标题。

（6）固定排列位置、编制案卷目录以及文件的张号、页号、件号。

（7）对某些破损的文件进行裱糊。案卷的排列以全宗为单位，按照不同的分类、载体或保管期限分别排列。排列方法要统一，不能随意变动。

三、档案整理工作的意义

1. 档案系统整理是进一步发挥档案作用的前提条件　保存档案的目的是为了提供利用，零散的档案无法提供利用，只有按照一定的原则、方法进行系统整理，并予以分门别类之后才能为提供利用创造条件，才能最终发挥档案的作用。

2. 档案系统整理为其他业务环节工作的顺利开展奠定基础　未经鉴定的档案往往玉石不分，对档案进行科学正确的整理正是有利于档案价值的鉴定。由此可见，档案的整理是档案管理工作承上启下的关键步骤。

3. 档案系统整理为妥善保管档案提供条件　只有把档案整理好，并且用编目的方式将档案保管单位和分类排列顺序固定下来，才能使档案、文件有一定规律和顺序，这样才能便于档案的科学管理。

4. 档案系统整理是档案统计工作的基础　只有整理好的档案才能为统计提供基本单位和体系。

5. 档案系统整理是档案检索工作的条件　只有整理好的档案才能编制检索工具。

6. 档案系统整理能对档案的收集予以促进　通过系统的整理，可以进一步了解和检查档案收集工作的质量。由此看来，整理工作同档案工作各环节关系密切。

四、档案整理工作的原则

档案整理应该遵照其特点和规律，充分利用原有的基础，在保持文件之间历史联系的前提下，进行分门别类，使整理出来的档案能够如实地反映立档单位历史活动的真实面貌，便于保管和利用。该原则包含以下四层含义。

（一）档案整理必须要遵循档案的形成特点和规律

档案是在一定时间由一定的机关和个人在社会实践活动中形成的。每个时期形成的档案分别反映该时期的历史活动情况，而且不同时期形成的档案有着各自不同的历史特点。因此，应把不同时期、不同政权性质所形成的档案分开整理，这样做的目的是保持各历史时期形成档案的历史联系性。如果违背这一原则，就会人为地破坏这种历史联系性和历史完整性。同时档案又是在各自机关活动中形成的，各立档单位在自身活动中行使着各自的职权，分别开展着自己的工作、生产、科研等活动。大中型机关又设有自己的内部机构，这类机关分别承担着各自的任务，履行着各自的职能，于是就形成了各自的档案。这些档案之间也存在着密切的联系，因此我们在整理档案时应把同一机关的档案放在一起，不能把它们随意割裂开。这样做的目的是保持各个机关形成档案的完整性和历史联系性。

（二）档案整理应充分利用原有的基础

档案整理应充分利用历史上形成或保存下来的档案或者某一机关已经整理，并按照一定方式、方法保管起来的档案。档案作为历史文化的产物，不仅记录了历史文化活动，而且记录了当时保管档案的情况和成果。我们要重视前辈的劳动成果，不能轻易否定和随意改变这一历史状况。因为不同历史时期、不同机关单位的档案整理状况反映了当时的整理水平和历史特点，所以我们在整理档案的时候，要充分重视和利用这一原有的基础，其包括两层含义：①要充分重视和利用原有的整理基础，以确定档案整理的任务和要求，不要轻易打乱原有的基础重新整理。一般而言，只要不是零散文件，只要是过去已经经过整理的档案，而且有规可循、有目可查，就力求保存原有的整理体系，或者是在此基础上做一些必要的加工就足够了。必要的加工是指对整理问题严重的档案采取一些补救措施。②在整理当中要重视原有的整理成果和保存状况，并且充分利用。

（三）档案整理必须保持文件间的历史联系

档案是由文件转化而来的，文件之间必然有一定的内在联系，我们在整理时必须要予以充分的重视，把握它们之间的来龙去脉，按照文件自然形成的秩序予以整理，使之成为一个科学的有机体。所谓文件之间的历史联系是指文件在产生或者处理的过程中形成的内在的相互联系。这种联系是文件内部固有的本质联系，主要体现在以下四个方面。

1. 文件来源方面的历史联系　从产生上来看，文件是以机关及其内部组织机构或者一定个人为单位有机形成的，产生它的单位就构成了文件来源方面不可分割的历史联系。整理时必须保持这种联系，也就是说一个机关、一个组织单位或者一定个人单位形成的档案不要轻易打乱，只有保持了这种固有的内在联系，才能如实地反映形成者的历史面貌。档案离开来源方面的历史联系就会破坏其价值，只有保持了这种来源联系才能保持内容、时间与形式的联系，所以说来源联系是文件之间的首要联系。只有在此前提下，保持其他方面的联系才有意义。

2. 文件内容方面的历史联系　文件是为解决问题而产生的，不管是科研、产品设计，还是侦破案件、处理某一问题、召开一次会议，等等，都要形成一系列文件。

围绕某一问题而产生的档案就记述和反映了这一活动的情况，形成的这些档案在内容上互有密切联系，它是一个有机整体，是不可分割的，整理档案时必须注意保持其联系。通常情况，在组成案卷的时候，一个问题就形成一个案卷，所以在整理档案的某些程序中保持文件内容上的联系往往是最重要、最深刻的联系。如果内容上的联系不够，保持其他方面的联系往往会成为一种形式。

3. 文件时间方面的历史联系　档案是历史的产物，档案的形成者（机关、组织、个人）进行具体活动都有一定的过程和阶段性，这就使文件之间自然具有一种时间上的联系。例如，机关工作一般是逐年进行的，因此逐年形成档案，所以哪个年度的档案就会反映该年度本机关的活动情况。因此整理档案时不能打乱档案形成时间的联系。

4. 文件形式方面的历史联系　文件形式包括文件的种类、记录方式、载体材料等。因为文件的形成标志着档案的产生特点和作用，在某种程度上也能反映文件的来源、时间，甚至是内容，所以整理档案时，有些档案需要按照载体形式和文件形式予以整理。按照形式整理档案是在特定情况下要注意的，而非绝对。

综合以上四个方面的文件之间的历史联系，我们可以总结出以下两点。

（1）文件之间的历史联系是客观存在的，整理档案、保存文件之间的历史联系是按照客观规律办事，而且经得起历史检验，我们整理档案时应该坚持这一做法。因为这是工作者长期实践，经过证明而行之有效的科学原则。经验告诉我们，不能违背档案的形成规律，必须保持文件历史联系这一整理原则，并且使之在实际情况中不断得到丰富和完善。

（2）文件之间的历史联系有时是错综复杂的，整理档案时不能随便以某种联系就保存档案，必须根据档案的实际情况找出最本质、最重要的联系予以保存。一般而言，是在保持文件的来源联系的前提下，兼顾内容和时间上的联系。保持文件之间的历史联系是相对的、有条件的，而非绝对化。我们要以整理文件的具体情况和实际条件出发，实事求是，选择最佳联系予以保持。因为在整理的各个环节，由于阶段不同，有时强调的侧重点也不一样。

（四）档案整理应做到便于保管和利用

所有的档案整理工作其目的应该是便于保管和利用，这是档案整理工作的基本出发点和最终要求。整理时，如果出现保持历史联系与保管和利用产生矛盾时，应优先考虑后者。虽然大多数情况下，二者是一致的，但产生矛盾时，前者应服从后者。

第二节 全宗和立档单位的划分

一、全宗的概念及其意义

（一）全宗的定义

全宗是一个独立的机关、组织或个人在社会活动中形成的档案有机整体。解放初期全宗被称为"芬特"，1955年改为"全宗"。

（二）全宗的含义

（1）全宗是一个有机整体，这就说明全宗具有不可分割性。一个机关、组织或者人物形成的档案反映了它们的各种活动及其相互之间密切联系的整体过程。另外，全宗是组成国家档案的基本单位，除个别情况以外，同一全宗的档案不可分散，不同全宗的档案不可混淆。

（2）全宗是在一定的历史活动中形成的，这说明全宗这个整体具有客观性，而不是纯粹人为的，也不是任意的。它体现了档案及其形成的特点，是档案整理和分类的典型方式。

（3）全宗是以一定的社会单位为基础构成的，这就说明了特定档案的整体来源和界限，以及全宗单位的相对稳定性。所以说全宗是以产生它的机关、组织和个人为单位而构成的，这就为档案全宗这一整体确定了一个时空范围以及纵向和横向的区分标准。

（三）全宗的意义

1. 符合档案的形成规律和特点　同一个全宗的档案不能任意分散，不同国家的档案不能随意混杂，科学理解文件的历史联系。档案都是围绕一个机关或个人的活动而形成的，便于保管利用。

2. 全宗是组成国家全部档案的基本单位　对档案管理有重要的组织作用。

（1）在我国，国家所有的档案为国家档案全宗，由许多小全宗组成。另外，全宗也是档案馆的统计单位。

（2）全宗也是一个相对的概念，根据苏联理论，有全宗、档案馆全宗、国家档案全宗三个概念。我国一般称全宗、国家档案全宗，档案馆全宗则很少提。一个档案馆收集的若干全宗数为档案馆全宗，我国称为馆藏。

3. 全宗是保证整理工作质量的重要条件　区分全宗是整理工作的第一步，在档案整理上占有重要地位。

4. 全宗为档案提供利用，奠定了科学基础　如果全宗划分准确，全宗档案完整齐全，就会为档案利用带来方便，能够准确研究每个机关的活动情况和历史面貌。按照全宗整理档案，能够揭示档案内容的实质，从而正确评价档案的价值，为档案的提供利用奠定科学基础。

5. 全宗是对档案进行科学管理必须遵循的重要原则　按全宗管理档案，是档案管理区别于图书管理及其他文献管理的重要特点之一。

二、立档单位及其构成条件

（一）立档单位

立档单位指形成全宗的机关、组织或者人物，也称为全宗构成。一个独立机关算一个立档单位，一个立档单位形成的档案构成一个全宗。从档案学角度来讲，需要弄清何谓独立机关，它形成的档案如何能构成一个全宗；什么样的机关是内部设定的组织机构，即要明确何种组织单位才算立档单位。

（二）构成条件

构成立档单位的条件（即构成全宗的条件）：确定一个组织单位是否是立档单位，主要看它能否独立地行使职权，其主要标志是看它们在工作上、组织上、财务上是否具有一定的独立性。早在1957年，国家档案局就明确提出了构成立档单位的条件：

（1）可以独立行使职权，能主要以自己的名义对外行文，具有行文权；从工作上或者生产上能够以自己的名义对外行文、联系工作、协调问题，决定职权范围内的重大事项，也就是说，独立机关首先应该是一个独立的法人代表。

（2）从财务上讲，一个独立机关通常又是一个会计单位，具有自己独立的财会机构和人员，可以有自己的预算和结算。

（3）一个独立机关大多有单独的人员编制和专门管理人事的机构或人员，而且还有一定的人事任免权。

我们要正确理解上述三个条件，千万不能绝对化。所谓的独立性是相对的，我们应看到它们是相互联系、同时存在的。但对某些特殊情况，尤其是某些机关不同时具备该上述三个条件时，关键看第一条，不要以单位大小、人员多少来决定它的性质。

（三）档案整理中分析立档单位的一般方法

我们在档案馆内整理档案，特别是整理零散档案的时候，确定一个组织单位是否是立档单位，它所形成的档案能否构成全宗，可以从以下两个方面来考察。

（1）从规定档案的职权范围、工作任务、隶属关系、组织编制等方面的法规性文件或领导性文件上查找依据。比如一些决议、决定、章程、条例、办法、规定、命令、重要的会议记录等。这些文件一般是上行机关制定或者批准的，可以从中看出这个单位的职权范围、工作任务等。另外，还可以考察这些单位的印信、组织党委名称、文书处理情况等。

（2）要从实际情况来看，在研究上述文件的同时，结合本单位的工作、生产等实际活动情况考察和分析。这主要是从本单位的文件形成方面来考虑，看它能否独立行使职权，能否以自己的名义独立行文。还有一些特殊情况，特别是解放战争时期，一些机关的法规性文件没有保存下来，这就需要根据实际情况，确定它是否是立档单位。

三、立档单位的变化与全宗的划分

由于社会的发展、工作的需要，常常会导致一些机关的增设、撤销、合并以及机关名称的改变，职权范围和隶属关系的调整等各种变化。这些变化往往呈现出一种多样性和复杂性，有些变化还会影响全宗的划分。怎么样在立档单位的变化中区分全宗呢？一般要看机关（立档单位）的变化是否属于根本性的变化。如果属于根本性的变化则需要构成新的全宗，反之则不需要构成新的全宗。一个单位能否发生根本性的变化主要取决于立档单位的政治性质和基本职能。

（一）政治性质与全宗的划分

对于政府机关、团体和事业单位，主要是从政治性质判断其变化。就政权而言，政治性质变了，取而代之的就是新的政权机关。因此，不同政权机关形成的档案应该分别构成不同的全宗，这些档案不能混淆。但是在政权机关中有两种不同的情况：

1. 政权性质发生了根本性变化　中华人民共和国成立前后两种根本不同性质的政权形成的档案要严格区分开，各自构成单独的全宗，从当地人民政府成立之日起要构成新的全宗。

2. 政权变了，但性质没有发生根本性变化　它们在各自档案的具体阶级内容上还是有区别的，因为这些政权都是历史条件下的产物。它们标志着不同的历史时期，反映着不同的阶级关系，因此不同政权的档案也应分别构成不同的全宗。只有这样才能正确反映不同历史时期政权的变化情况。但有两种特殊情况：①同一政权时期，当权人物的变化不影响全宗的划分，当然也有特殊情况。②各政权时期，各政党、群众团体、宗教组织的档案不受政权变更的影响而划分全宗。中华人民共和国成立前成立，中华人民共和国成立后被人民政府接管并继续存在的某些事业单位，政治性质明显的团体可以单独区分全宗。一般的学校和其他事业单位中华人民共和国成立前后形成的档案可以作为一个全宗，然后把不同时期的档案分开分别加以整理和保管。

（二）基本职能与生产关系的改变

在同一政权时期内，由于工作的需要和情况的变化，常常会发生机构的撤销、合并、改组和新建。这种变化有时候会引起立档单位和全宗的变化，主要看其是否发生了根本性变化。根本性变化主要是看机构的基本职能和社会独立性是否发生了变化，如果没有发生变化，就说明机构没有发生根本性变化。有下列情形之一者，机构形成的档案要构成新的全宗：

（1）由于工作需要新成立的机关、团体、学校等，其职能从无到有，所以该机构形成的档案要构成新的全宗。

（2）几个旧机关合并成一个新的机关，新成立的机关代替了已被撤销的旧机关的职能，可以说机关的职能发生了根本性变化。这样原来被撤销的机关的档案要构成新的全宗，其合并成立的新机关的档案要构成新的全宗。

（3）由于工作发展的需要，原来机关的内部组织机构扩大了职能，形成独立的机关，则该机关从独立之日起所形成的档案要构成新的全宗。

（4）由于工作的需要，原来的独立机关成为某一机关的内部组织机构，这种作为独立机关所形成的档案要单独构成新的全宗，从属以后所形成的档案要和从属机关的档案一起构成新的全宗。

（5）合署办公的机构，文件如果分开处理，它们形成的档案应单独构成全宗。

有些情况则不影响全宗的划分：①机关职能扩大或缩小；②机关名称的改变；③机关隶属关系和地点的改变；④机关内部组织机构的调整；⑤由于某种原因，机关中止工作一段时间，之后又恢复正常的工作活动。虽然是前后两段工作时间，但是机关的性质、职能、任务都没有变，这种情况下应把前后两段时间所形成的档案作为一个统一的全宗来处理。

总的来讲，在立档单位的变化中区分全宗是一个比较复杂的过程，尤其在实际工作中更是复杂多样。我们所讲的只是常见的一般情况，在实际工作中遇到问题，应该实事求是，具体问题具体处理。处理的原则首先是要考虑全宗的构成条件，研究档案的实际情况，保持档案之间的历史联系；其次是要从保存档案的实际情况出发，考虑便于保管和利用，以及实际工作的开展。

四、人物全宗

人物全宗也称个人全宗，指著名的政治家、社会活动家、科学家、艺术家、教授以及一些知名人士在其一生活动中形成的全部档案。历史上一些著名的家庭、家族以及其在社会活动中所形成的档案也归入人物全宗。人物全宗除了立档单位本身的活动所形成的文件材料以外，还有许多其他的材料，包括手稿、讲话稿、电文、信函、日记、笔记、照片、录音带等，还包括他人及直系亲属能够说明立档单位情况的材料。当个人全宗存在公私档案混杂的情况时，一般情况下，个人留复印件，机关留原件。应注意两点：①不得收入官方档案原件。②一个人一生无论身份、政治立场如何变化，只构成一个全宗。

人物全宗的收集问题：个人在公务活动中形成的文件，原件应放在立档单位全宗中，复印件或附件可归入个人全宗；另外，个人在他非公务活动中形成的文件，原件应归入个人全宗。

五、全宗的补充形式

在档案整理过程中可能会遇到许多特殊情况，有时候很难按照理论来划分全宗，这就需要我们按照实际情况来划分，于是就出现了全宗的补充形式。

（一）联合全宗

联合全宗指在某种特殊情况下，由于两个或者若干个互有联系的立档单位所形成的档案难以区分而作为一个全宗来进行整理和保管。适宜构成联合全宗的一般情况有：

（1）前后存在两个立档单位，在工作上有密切的继承关系。理论上讲，这两个机关所形成的档案应该作为两个全宗进行整理。但是，因为它们的档案之间有较密切的联系，前后之间又有继承关系，特别是一些机关为期较短，而且相互交替，导致档案混杂在一起，不能很好地区分全宗。这种情况就可以组成联合全宗，从而可以较好地保持文件之间的历史联系，也便于档案的保管和利用。当然，在整理时可以将两个机关的档案加以区分，也可以在整理说明或者其他地方指出构成联合全宗的原因和有关情况。

（2）两个或者若干个有密切关系的机关合署办公。这种机关对内是统一编制，一套机构，一班人马，也有必要的分工，对外则是挂两个或者两个以上的牌子，而且用不同的名义对外行文。实际上，这种机关形成的档案应该看成一个整体。因此在一般情况下，这种机关形成的档案应构成联合全宗，目的是要更好地保持文件之间的历史联系。在此，必须指出，只要档案能够分开，就应该单独构成全宗。因为联合全宗毕竟是整理档案的一种补充形式和辅助方法，只能适用于少量特殊情况，不可以随意乱用。

（二）汇集全宗

所谓的汇集全宗就是档案馆将自己保存的性质相近，数量较少，而且又不完整的若干档案暂时汇集起来，将其作为一个整体予以编号和保管。应该说这是在某种特殊情况下对特定档案采取的特定做法，这项工作一般由档案馆自己完成。

（三）联合全宗与汇集全宗的区别

1. 构成不同　联合全宗的档案相互之间有密切的联系，因为档案分不开才构成全宗，其目的是为了保持档案之间的历史联系，便于保管和利用。而汇集全宗是不一定有密切联系的档案由于特殊情况不适宜单独编号和保管，才临时汇集在一起。

2. 性质不同　联合全宗是长久性的，一旦确定下来以后就不再变动。而汇集全宗往往带有临时性，一旦可以区别开来，就可以重新整理全宗。

（四）档案汇集

档案汇集即用人为的方法，把一些无法确定的残缺档案或零散档案组合起来的档案混合体，我们将其按全宗的形式进行编号，并作为一个单独的全宗来进行保管。

六、判定档案的所属全宗

判定档案所属全宗关键在于确定档案的形成者 —— 立档单位。

我们在整理积存档案和零散档案时，需要解决某一件档案或者某一些档案的归属问题。一个全宗的档案不外有三种文件：收文、发文和内部文件。立档单位的内部文件和发文的作者就是其档案的形成者，收文一定要以实际收受者，且以最后办理者为准，一般实际收受者就是其档案的形成者。

我们要区分两个概念：档案的形成者、文件的作者。

（1）对内部文件和发文，档案的形成者就是文件的作者；对收文，档案的形成者是文件的实际收受者。

（2）判定的对象是案卷时，要注意，卷皮上往往都标明了立档单位。

（3）没有标明作者或收文者的，要分析和考证。

（4）档案经几个立档单位办理，归入最后承办完毕的立档单位的全宗。

七、全宗群

全宗群指互有联系的全宗构成的一个群体。在一定的时间、地点、条件下活动的各个机关彼此之间并不是孤立的，而是会产生一些相互之间的社会联系，这种联系必然会反映在各自形成的档案上，从而就使全宗之间产生必然的历史联系。这种历史上形成的有联系的若干全宗，我们称之为全宗群。例如，党群系统、行政系统、工业交通系统、农林水利系统、财粮商业贸易系统、科学文化教育卫生系统等；再如，××地区政法系统全宗群、解放战争时期党政机关全宗群。

第三节　全宗内档案的分类

一、分类的意义

1. 档案实体的分类包括两个层面

（1）从全宗的整体而言，根据档案的时间、来源、内容等属性将其区分开，把相同的档案放在一起，相近的档案联系在一起，然后将其整理成有条理的系统。从管理学角度讲，这叫作类集。

（2）针对具体的文件，根据档案的内容、作者等特点将文件归类到特定的分类体系中。从管理学角度讲，这叫作归类。

2. 档案分类的独特意义　从广义上讲，在整理档案的过程中，区分全宗也是一种分类。我们按照档案的来源、时间、内容以及形式上的异同，用科学的方法将全宗内档案分门别类，然后将其组成一个特定的有机体系，以便文档能够有条理地反映立档单位的历史变化。这项工作是在区分全宗以后，具体组卷以前进行的。这样来看，分类工作具有其独特的意义，这体现在：

（1）分类是实体档案进行科学管理的重要方法之一。一个全宗的档案是一个有机整体，但是仅以全宗为单位来整理档案显然是不够的，因为一个立档单位的工作有若干个侧面。为了能够体现每个侧面的工作，需要将一个全宗内的档案分成若干个类别，而为了体现各个单位之间的联系，又需要有秩序地按照类别予以排列。所以，分类是档案进行科学管理的方法之一。

（2）分类是实施档案系统整理工作的重要环节之一。档案经过区分全宗之后，一个全宗内有大量的、互有联系的文件，如果不加以分类，仍是一堆杂乱无章的文件，无法进行查找和利用，只有分类以后才能有条理地反映立档单位的历史面貌。所以从某种程度来讲，分类为档案的利用提供了有利条件。

（3）全宗内档案分类的优化，为档案的全面管理和利用提供了有利条件。

二、分类的基本要求

采用什么样的分类方法要从档案的形成特点和规律出发，要符合档案形成的实际情况，保持档案之间的历史联系。所以分类时尽量不要打乱档案原来形成的组织系统，要尊重其形成规律，分成的类别要尽量符合档案形成的实际条件。分类要注意档案的思想性、科学性、统一性、排斥性和伸缩性。

1. 思想性　指政治思想方向。一些档案具有阶级性，分类时要坚持变动规律和历史唯物主义的基本观点，既能揭示档案的本质，又能反映档案的客观内容。当然其最终目的是能够反映立档单位的历史面貌。

2. 科学性　就是指分类要尽量按照档案的形成关系和内在联系进行，分出的类别要尽量符合立档单位档案的实际情况，而且要尽量做到条理清楚、概念明确、界限分明，层次不宜过多。分类体系应该按照从总到分，从一般到特殊，从简单到复杂，从低级到高级，从抽象到具体的步骤进行。

3. 统一性　要做到分类标准统一，做法一致，不要前后矛盾，特别是同级分类。

4. 排斥性　在同级分类当中，地位相等的内容上互相排斥。

5. 伸缩性　在类别设计上，项目的设置要有限制，不要太琐碎，要有概括性，可伸可缩。分类要注意实用性，以及便于保管和利用。

三、分类的方法

（一）一般方法

1. 时间分类法　①年度分类法；②时期分类法。
2. 来源分类法　①组织机构分类法；②作者分类法；③通信者分类法。
3. 内容分类法　①问题分类法；②实物分类法；③地理分类法。
4. 形式分类法　①按文件种类分类；②按载体形态分类；③按形状规格分类。

（二）常用方法

档案分类方法很多，常用的主要有三种：组织机构分类法、问题分类法、年度分类法。

1. 组织机构分类法　即按照立档单位内部组织机构把全宗内的文件分为各个类别。它是全宗内档案分类方法中最常见、最常用的一种方法，也是分类时优先考虑使用的方法之一。

（1）优点：①符合一般全宗档案形成的特点和规律，能够较好地保持全宗内档案之间的历史联系，整理后的档案能够较好地反映立档单位的历史面貌。②具有问题分类法的主要优点，因为除综合性部门以外，机关内部设立的各个组织机构，大多数是按照分工来主管机关某一方面的业务。因此，它们形成的文件也大都涉及其主管的业务工作。突出来讲，某一机构形成的档案就是某一问题方面的档案，也可以说某一组织机构的档案就是一个大专题。所以这种分类方法在一定程度上使问题相同的档案相对集中。③具有方法简便、好学易懂、分类准确、便于掌握的特点，有利于实际工作的开展与进行。采用这种分类方法，无须过多考虑类与项的设置，只要弄清内部设立的组织机构，基本上就能明确应该设立的类或项，而且类或项的名称也就有了，即组织机构的名称。④与我国文书处理部门立卷归档制度相吻合。总之，组织机构分类法是全宗内档案分类的一种比较科学合理的分类方法，我们进行全宗内档案分类时，特别是对现行机关档案分类时，应优先考虑此方法。

（2）适用条件：①形成档案的立档单位内部必须设有组织机构。②机关内部设立的组织机构比较稳定，不经常变动，或者是变动较小，也不复杂。特别是第一层分类时采用该方法，更要求内部组织机构要相对稳定。③机关各组织机构职能要明确，文件能够按照各自的机构分开。④全宗内档案比较齐全，按组织机构分类要有实际意义，如果全宗内档案残缺不全，就需要从实际出发，选择恰当的分类方法。

（3）应注意的问题：①分类到哪一层，要根据立档单位的实际情况、机关规模、档案数量等多方面的因素来决定。一般情况下，分类到组织界限清楚、职责分明的那一层就可以了，也就是文件能够分开的那一层。②文件的归类问题，一般是哪个机构承办就归到哪个机构，总之来讲，归类方法应该一致，要有延续性。

2.问题分类法（事由分类法）　即把全宗内的档案按照文件的内容、说明和反映的问题分为各个类别。

（1）优点：①能够较好地保持文件在内容方面的历史联系。因为文件是机关在其自身工作生产活动中为解决问题而产生的，然后将其中有保存价值的文件归档之后形成档案，所以它能够较好地反映问题。②能够比较突出地反映一个机关的中心工作和主要活动，较好地反映机关的活动面貌。③能够使相同性质的文件加以集中，便于按照专题进行查找和利用。

（2）适用条件：①机关规模小，人员少，没有设置内部组织机构。②机关内部组织机构不稳定，常有变动，且变动比较大，也比较复杂，不宜用组织机构分类法进行划分。③机关内部组织机构之间分工不太明确，或职责常有变动；或者由于某种原因，全宗内档案被打乱，各内部组织机构的档案混杂在一起，很难按照组织机构分类；或者是文件残缺不全。④全宗内的档案采用组织机构分类后，如果每一类的档案数量还比较多，那么下一层次的分类就可以采用问题分类法，即组织机构问题分类法，将二者结合使用。

（3）应注意的问题：①一个全宗内的档案究竟如何设置类或项，必须从立档单位的工作和形成档案的实际情况出发，力求做到类与项的设置于档案的实际情况相吻合。②类与项的设置要合乎逻辑，概念明确，层次要清楚，不能含糊不清。类与项的用词要正确恰当，类别概念的外延要同全宗的大小相适应。类与项是平行关系，不能相互交叉和相互包含，要弄清它们之间的种属关系，注意简称的应用。③关于设置总类的问题，要先设置总类、总项，即第一类、第一项。尽管档案的种类不同，所设立的类项的名称和数量也有很大差异，但第一类应设综合类，第一项应设综合项。④必须按照文件的主要内容进行归类，这种按问题分类的主要内容也是决定分类质量高低的主要环节，一般情况下，文件记述和反映的问题在文件的标题上都能够得到体现。

3.年度分类法　就是按照形成和处理文件日期所属的年度进行分类。

（1）优点：①符合档案按照时间形成的特点和规律，能够较好地保持文件在形成时间方面的历史联系，能够较好地反映立档单位逐年工作的特点和发展变化的情况。立档单位的工作都是按照年度进行安排的，档案也随着机关的活动一年年地形成，因此只要把每个年度的档案集中保存，就大体反映了机关活动的历史面貌。②便于人们按照时间的角度查找和利用档案，也便于实际工作的开展和进行，特别是现行机关档案的分类，采用年度分类法就十分简便，与我们推行的归档制度相吻合。③可以普遍地结合其他分类方法，分层联用、好学易懂、层次简单、界限分明。因此，年度分类法应用非常广泛，特别是现行机关的档案，几乎每个全宗的档案都有条件采用该分类方法。但有两种情况例外，一是立档单位存在的时间很短，二是全宗内的档案已经被打乱了年度或者已经按照其他分类方法进行了分类。

（2）应注意的问题：正常情况下，每年的文件都反映当年的工作，文件形成时间和记述内容往往是一致的。但有些特殊文件，即有些文件有写成、发出、收到、办理日期等情况，如果出现了跨年度的时间，就要具体分析各类档案的实际情况，将其归入最合适的年度类别。一般而言，要对下述两类文件进行归类，予以妥善处理，一是文件上有属于不同年度的几种日期，二是文件上没有标明日期。

文件有写成日期、签署日期、批准日期、会议通过日期、公布日期、生效日期、发文日期、收文日期。如果一份文件上有两个以上的日期，就需要根据文件的特点确定一个主要日期，即最能说明文件的日期，将其归入相应的年度类别中。例如，内部文件和一般的发文应该以写成日期为依据，来往文书的收文应该以手稿日期为依据，法律、法令、条例等法规性文件以批准日期或公布生效日期为依据，指示、命令等文件以签署日期为依据，计划、总结、预算、决算、统计报表等，以内容针对的年度为依据，跨年度计划归入开始的那一年，跨年度总结归入最后一年度。如果文件没有标明日期，就需要对文件进行考证，根据文件的内容、材料、格式、字体以及文件上的各种标记来确定相对准确的日期。还有一种情况，有的立档单位的工作是专门年度，一般是自然年度与专门年度相结合，有规律地排列下来。简单来说，就是两种文件分别分类、交叉设类。

四、复式结构分类方法的选择与编制

在实际工作中只采用一种分类方法的情况很少见，往往是几种分类方法结合使用。

（一）年度 – 组织机构分类法

年度 – 组织机构分类法是指先把全宗内的档案按年度分类，再在年度下面按组织机构分类。该分类方法适用于立档单位内部组织机构相对稳定，即使有变化也不复杂的全宗，一般也不受机构变动的影响，每年归档的案卷一次性依次上架，而且不需要留空。所以，现行机关的档案采用这种分类方法比较适宜。但是它也有一个缺点，按年度分类，前后联系不够紧密。

（二）组织机构 – 年度分类法

组织机构 – 年度分类法是指先把全宗内的档案按组织机构分类，再在组织机构下面按年度分类。如果按年度分类完，文件还较多，可以再按问题进行分类。这种分类方法适用于立档单位内部组织机构多年来比较稳定，或者是在比较稳定的情况下略有调整或变动的全宗，一般多用于撤销机关的档案分类。如果将此分类方法用于现行机关，排架时则需要留空。

（三）年度－问题分类法

年度－问题分类法是指先把全宗内档案按年度分类，再在年度下面按其所反映的问题进行分类。这种分类方法适用于立档单位内部组织机构变动比较大且比较复杂，或者由于机构之间分工不明确、文书处理工作不规范等原因导致难以区分文件的所属机构，以及没有设置内部组织机构或内部设置组织机构非常简单而没有必要按组织机构分类等情况。一般在不可能或者不适用于按年度组织机构分类时而采用该方法，特别适用于现行机关的小单位。

（四）问题－年度分类法

问题－年度分类法是指先把全宗内的档案按大的问题分类，再在问题下面按年度进行分类。这种分类方法不适用于现行机关档案的分类，大多数是在整理历史档案或者是撤销机关的档案时才采用该方法。

以上四种复式结构分类法，在实际工作中运用时，情况往往比较复杂。我们应注意：在实际分类工作中，只要是在最大限度地保存全宗内档案的历史联系的前提下，根据全宗的实际具体情况可灵活采用合适的分类方法。采用复式结构分类法时，要掌握全宗内档案分类统一性原则，第一层分类时只能采用一种分类方法，第二层分类时再采用其他方法，同级分类只能采用一种分类方法。当然必要时也可以采用三级分类法，但层次不宜太多。

为了对全宗内档案进行具体的分类，应该考虑不同立档单位全宗内文件的内容、成分和档案的保存状况，要选择最符合实际情况的分类方案，也可以称为分类大纲。实际上就是各个类目名称，用于表示全宗内档案分类体系的一个纲要。为了保证该分类体系的科学适用，制订时可以分为以下三个步骤：①调查研究，了解立档单位的职责和工作范围，提出初步的分类方案，然后确定全宗内要设定的大类，对类目范围和归类方法加以说明。②根据初步方案进行归类，在实际分类过程中对类、目归类等问题根据具体情况加以修正和补充。③确定类项名称和顺序。最终的结果以简洁明了为易，便于保管和利用。

五、机关内党、政、工、团档案的分类

我们把机关内党、政、工、团各级组织形式的档案全部集中在一起，然后分别设立党、工、团类（党群类）。当然也有些规模小的单位就设有党、工、团类，以下再设类、目，这方种法被称为相对集中做法。

我们把机关内党、工、团组织的档案一分为二，分开整理。一是机关一级的党工团形成的档案分别单独设类，二是下属党、工、团所形成的档案分别与同级行政组织的档案归在一起，作为一个统一的类来整理，这种方法被称为相对分散做法。采用何种方法则需要我们根据档案的实际情况进行选择。

六、人物全宗内档案的分类

第一部分主要是人物的生平、个人自传、传记材料、履历、身份证明、学历证明、奖状、奖章、证书等，如果已经身亡的，还应该包括遗嘱。第二部分主要是创造性的材料，包括手稿、乐谱、画作、著作手稿以及著名人物的日记、笔记、记事簿、回忆录、译稿等。第三部分主要是反映立档单位公共活动和社会活动的文件材料，一般情况数量不是很多，但是有些内容也需要收录，如出席重要会议的记录、发言底稿、提纲、参与社会活动的聘书、参与签名的声明等。第四部分主要是个人书信，一般包括个人收到和发出的信件。第五部分主要是财产状况和经济活动的文件材料，包括动产与不动产的契约、票据、账簿等。第六部分主要是评价材料，他人收集与撰写的有关立档单位的材料，如立档单位的同事、朋友、家人写的文章、评论以及纪念立档单位的祭文、悼词、回忆文章等。第七部分主要是亲属材料，一般指直系亲属，能够说明立档单位的材料。第八部分主要是音像、图书材料，包括录音、录像、图片、画册等。第九部分主要是立档单位本人收集的一些材料。最后一部分是其他材料。

总的来讲，人物全宗比较杂乱，有其特殊性，内容往往比较零散，有些甚至残缺不全。所以，整理起来比较困难，而且我们的经验不足，需要慢慢积累。

第四节　立卷与案卷排列

一、立卷的基本概念

立卷又叫组卷，一个全宗的文件经过分类以后，各个类内都有相当一部分的文件需要系统化。立卷就是在一类之内把零散的文件按照其形成特点和相互之间的联系组成一组一组的档案文件集合体，即案卷（档案保管的单位是卷，科技文件档案保管的单位是套）。案卷是文书档案保管的基本单位，通常也是统计档案数量的基本单位。将零散文件组成案卷，既可以保持档案之间的历史联系和反映工作间的相互联系，同时也便于查找和利用。因此，立卷在整个档案整理过程中，是关系档案整理质量好坏的工作基础，学会零散文件的立卷也是档案部门的一项基本工作。

立卷工作内容包括组卷、拟写案卷标题、卷内文件的排列与编号、填写卷内目录和备考表、案卷封面的编目、案卷装订。

立卷方法根据文件本身的特点，将其中具有共同特点和密切联系的文件组合在一起，组成一个案卷，即一个保管单位。文件的特点一般都反映在文件结构的各个组成部分上。按问题、作者、时间、名称、地区、收发文机关来组卷，我们将其称为立卷的六个特征。

1. 按问题立卷 按照文件记述和反映的问题特征，把内容涉及同一个问题的文件组合成一个案卷。这是最常用的一种方法，在运用过程中具有灵活性。

2. 按作者(责任者)立卷 把同一个作者的文件组合成一个案卷。

3. 按时间立卷 按照文件内容真正的时间或文件形成的时间，将同一时间段的文件组合成一个案卷。

4. 按名称(文种)立卷 按照文件的名称(文种)特征，把同一名称的文件组合成一个案卷，如命令、指示、计划、总结、报表等。

5. 按地区(地理概念)立卷 针对内容涉及同一地区的文件组合在一起，或者将同属于某一地区的作者的文件组合在一起，这种地区特征多用于下属机关的来文和调查材料等。

6. 按收发文机关(通信者)立卷 按照文件的往来机关特征，把同一机关(个人)往来的文件组合成一个案卷。

运用立卷方法应该注意：①要熟悉立卷的各种方法，并属于将其结合利用，因为文件之间的异同点和联系十分复杂，不能只从文件的某一方面来考虑，通常要结合两三个特征，结合使用。②要全面了解全宗类和类内档案文件的实际情况，立卷时要考虑文件的重要程度、保存价值、文件数量以及案卷的厚薄度等多方面因素来组织立卷。

二、卷内文件的整理

(一)卷内文件的排列与编号

卷内每一份文件应有一个固定的位置，并且做到排列有序，而且要保持文件之间的历史联系。可以按时间、问题、作者、名称、收发文机关、地区以及文件的重要程度，涉及人物的可以按姓氏笔画等方法来排列。无论采用何种方法进行排列，必须要做到保持来文与复文、正义与附件以及同一文件的不同稿本之间的不可分离的关系。卷内文件排列好以后，应该按统一的方法编张(页)号及件号，固定次序，其目的是便于查找和利用。

(二)填写卷内目录与备考表

卷内目录放卷首，备考表放卷后，备考表上应有立卷人的签字。如果文件有变动，备考表里应注明。

(三)案卷封面的填写和案卷的装订

案卷封面的填写应该包括案卷机关组织机构的名称、案卷标题、起止页数、起止日期、保管期限、目录号、卷号、全宗号。填写时应该用耐久性比较好的墨水，保持字迹清楚。案卷标题是最主要的一项，是揭示和概括文件内容与成分的标识，是一个案卷的具体名称，是编制各种检索工具的基础。所以，拟写案卷标题可以体现基本功，要求文字简练、通顺确切、基本结构完整，尽量使用统一的术语或格式，如作者－时间－问题－文件名称（作者－问题－时间），还可以包括地区和收发文机关等。永久卷一般要求装订成册，不易装订成册的应该装订成盒，按"件"整理的要将其装订在一起。

三、案卷排列与案卷目录的编制

案卷系统排列编号与案卷目录的编制是档案整理的最后一道工序，起着最后确定案卷排列顺序、固定案卷位置和巩固案卷整理成果的作用。

（一）案卷排列

全宗内档案经过分类、立卷后，还需要进行系统的排列，而案卷排列就是根据一定的方法确定每一类案卷的前后顺序和安放位置，以确保案卷与案卷之间的联系。案卷排列的方法：①按照案卷反映的工作联系排列。②按照问题排列，即按文件记述和反映的不同问题进行排列，把有关的同一问题的案卷集中排列在一起，以便人们从问题的角度进行查找利用。③如果问题比较多，可以按照问题的重要程度进行排列，这是最常用的一种方法。④按照时间排列，即按照案卷起止时间的先后排列案卷，适用于专题性的档案，如案件、历史事件等，采用该方法时应注意案卷的准确日期。⑤按照作者（级别）排列。⑥按照地区排列。

（二）案卷目录的编制

案卷是档案室和档案馆最基本的保管单位，案卷目录则是档案室和档案馆保存档案的名册，所以案卷排列顺序确定以后应逐卷登记到案卷目录上。

1. 案卷目录的作用

（1）用目录的形式固定全宗内档案的分类体系和排列次序，来巩固档案整理的成果。

（2）案卷目录能够揭示和介绍全宗内档案的一般内容，是最基本的检索工具。

（3）案卷目录是案卷清册和总账，是统计和保管档案的依据。

2. 案卷目录的类型　应严格按照全宗来编制，不能将几个全宗混杂在一起，常见的类型：①以全宗为单位编制的综合性目录。②以全宗各个门类为单位编制的分册目录，按门类特征又可以分为：a. 按以全宗内档案分类的类别为单位编制的案卷目录；b. 按保管期限编制的目录；c. 按保管期限结合分类方案编制的目录；d. 按机密程度编制的目录。

（三）档号

档案馆中常用到全宗号、目录号、案卷号、卷内文件的张（页）号，我们将其称为档号。这种用数字表示的代号主要用来表示类别及其相互关系的一组符号，同时也是揭示文件出处的依据，不仅对档案的管理和提供利用有现实、制约的作用，而且对档案的现代化和规范化也有不可忽视的作用。

1. 应遵循的基本原则　唯一性、合理性、稳定性。

2. 档号的构成　全宗号、案卷目录号、案卷号、页号。

3. 使用规则　①在实有档案的基础上，相应的档号应完整成套；②一个档案馆内不能有完全相同的重复的全宗号；③一个全宗内不能有完全相同的重复的目录号；④一本案卷目录内不能有完全相同的重复的目录号；⑤ 一本案卷内不能有完全相同的重复的页号或件号。

第五节　档案鉴定工作概述

一、档案价值鉴定工作的内容

档案馆和档案室按照一定的原则、标准和方法判定档案的价值，确定档案的保管期限，剔除失去保存价值的档案，予以销毁，使保存的档案更加精炼，这一工作过程，我们称之为档案价值鉴定工作。简而言之就是判定档案的价值，决定档案的存毁。

广义上的档案价值鉴定包括两层含义：鉴定档案的真伪和判定档案的价值。由此可以看出，档案鉴定工作的主要内容就是甄别和判定档案的价值，并根据其不同价值判定不同的保管期限，剔除不需要保存的档案或者保存期限已满的档案，予以销毁。简而言之，档案鉴定工作的内容：①制订档案价值鉴定的标准和相应的档案保管期限。②具体审核鉴定档案的价值，即确定哪些档案需要保存及保存多久。③将没有保存价值的档案或者保管期限已满的档案剔除并销毁。

二、档案价值鉴定工作的意义

经过价值鉴定的档案便于工作人员以后进行查找和利用，便于档案的整理和保管。从整理的角度来看，对有价值的档案或者是价值比较大的档案应该进行精细整理，对价值相对较小的档案进行粗略整理，对没有价值的档案则不整理，这样可以节省人力和物力。鉴定对保管具有更大的现实意义，对于有价值的档案可以有更好的保管条件，保证其完整和安全，以延长其使用寿命；对于那些价值相对较小的档案则提供一般的保管的条件，这样得以使有限的人力、物力效用最大化。经过鉴定的档案有助于我们在应对突发事件时抢救档案有所重点，不至于因手忙脚乱而玉石俱焚。

三、决定档案价值的因素

档案的价值由档案对社会和子孙后代的作用决定，具体到某一部分档案的保存价值主要取决于以下两个因素。

1. 档案自身的特点和状况 因为档案本身要有作用，它是由档案的内容、形式、时间、来源，以及其有效性、可靠性等多方面的因素决定的，也就是说档案自身的特点决定了其是否有保存价值和有什么样的保存价值。

2. 社会利用的需求是决定档案价值的主体因素 党和国家的各项工作、社会发展的各项事业，以及广大人民群众对档案的利用状况，即这种社会利用的需求是决定档案保存价值的社会因素。

上述决定档案保存价值的两个因素是相互作用，辩证统一的。档案客体是档案价值实现的物质承担者，而利用档案的需求是档案价值实现的社会条件，两个因素都是客观存在的，只有将两者客观地结合起来，综合考虑，才能决定档案的保存价值。

四、档案价值鉴定的标准

（一）来源标准

档案的来源是指档案的形成者。档案形成者在社会上以及机关内的地位、作用和职能要影响甚至决定档案的价值。

（二）内容标准

档案内容是决定档案价值最重要、最本质的因素。对档案内容的分析可着眼于以下四个方面。①档案内容的重要性；②档案内容的独特性；③档案内容的时效性；④除上之外，对档案内容的真实性、完备性等也要加以考察，以准确地把握档案的价值。

（三）形式特征标准

档案的形式特征是文件的名称、责任者、形成时间、载体形态、记录方式等。在某种情况下，这些形式特征也可能对档案的价值发生影响。

（四）相对价值标准

在一定的情况下，某些文件的保存价值和保管期限可以相对提升或降低。通常的方法是分析全宗和全宗内档案的完整程度。

在根据上述标准分析档案价值的时候，要始终坚持辩证的思维方法，切忌机械、片面地强调某一方面，忽略其他方面。

五、分析档案保存价值的具体方法

为了准确地鉴别每一份、每一组档案的价值，我们必须要具体分析档案自身的各方面情况，并做到深入其中。判定档案的保存价值应该以立档单位的主要职能活动为出发点，以分析档案内容为中心，结合考虑档案的作者、名称、时间、完整程度、可靠性和有效性，以及外形特点等因素来研究档案过去的利用情况，全面地预测和估计未来对档案的需要，以确定档案的保存价值。具体而言，主要从以下十个方面着手。

（一）看文件与立档单位的关系

这就要求我们必须站在本机关的角度来考虑问题，同本机关的职能活动联系起来，看这些文件在本机关的职能活动中起什么作用，这是鉴定工作的基本出发点。一般而言，凡是反映本机关职能活动的文件都是重要文件，都应保存。

（二）看文件的内容

文件内容是鉴定档案价值的基础，也是对档案价值起决定作用的重要方面。因为档案的价值与文件的作用密切相关，而文件的作用是通过文件内容加以反映的。文件内容就是文件正文所记述和说明的事件、问题以及其详解程度。看文件的内容就是看其反映的问题是本质性还是非本质性，是原则性还是非原则性，是反映职能活动还是日常活动，是反映中心工作还是日常工作，是反映全面工作还是局部工作，是需要本机关长期执行还是临时执行，是典型还是非典型。一般而言，前者保存的时间长，后者保存的时间相对较短。具体应注意以下九点。

（1）对那些反映立档单位基本情况和主要职能活动的文件都应该保存，因为这些是机关档案材料的精华。

（2）对一些重要性文件或者是带有历史转折关头的文件和重大历史事件的文件材料要重点保存，日常文件材料简单保存即可。

（3）对那些路线性、方针性的文件要重点保存。

（4）对反映重大理论问题、科研项目，以及经济、军事、文化等重大课题的，具有重大历史价值和长远保存价值的文件要重点保存。

（5）对反映经济问题的材料要重点保存。

（6）对能反映本机关全貌和历史活动的材料和资料都要保存。

（7）对能够查证或者提供某一方面的证明的材料要重点保存。

（8）涉外材料，即协议、协定、合同、条约等有关国际关系的外事材料。一般情况，涉外材料都要提级保存。

（9）凡是反映某一方面或者某一侧面问题的材料都要加以保存。

（三）看全宗以及全宗内档案的完整程度

看全宗以及全宗内档案的完整程度就是看全宗自身的保存状况，因为这是决定档案保存价值的一个重要因素，即档案的完整程度会影响档案的保管期限。

（四）看文件的作者（责任者）

文件的作者与档案的保存价值有着密切的联系，看文件作者主要是看文件是本机关形成的，还是外机关形成的。如果是本机关形成的，就要看是机关自身形成的，还是机关内部组织机构形成的；如果是外机关形成的，则要看是上级机关、同级机关形成的，还是下级机关形成的。一般而言，本机关形成的文件都是比较重要的，而本机关自身形成的文件要比本机关内部组织机构形成的文件重要一些。

（五）看立档单位的社会地位以及发挥的作用

由于不同的立档单位在社会上所处的地位以及所发挥的作用不同，所以它们形成的档案具有不同的保存价值。

（六）看文件的形成时间

文件的形成时间指文件的产生时间以及文件内容所涉及的时间。一般而言，年代久远的文件保存价值比较大。

（七）看文件的名称

不同名称的文件表示不同的作用，而不同作用的文件则有不同的价值。

（八）看文件的可靠程度

因为文件形成阶段不同，就形成不同的稿本。这些不同的稿本就标志着不同的可靠程度，其价值也就不同。

（九）看文件的有效性

文件的有效性指文件在工作、生产、生活、法律上的效力，如合同、协议、借据、条约、契约等文件在一定条件下，一定时间内，由于其效力问题而具有一定的价值。文件有效期满以后，其价值就会发生变化。其中有些文件在期满以后不再具有科研价值或者历史价值，就不用保存了。因此，尚具法律和工作效力的文件比失去效力的文件更重要。

（十）看文件的外形特点

文件的外形特点指文件的制成材料、制作方法、笔记、图案等，其外形特点不同，也会影响档案的保存价值。有些文件的内容虽然不重要，但由于文件的载体不同，文件的文字具有文学研究价值、文件的花边图案具有艺术价值，或者是文件上有著名人物签名题字等，这些会使文件产生新的价值。

六、档案价值鉴定工作的原则

鉴定档案的保存价值是一项科学性比较强的工作，要求我们必须对社会和子孙后代负责，而且要坚持历史唯物主义的观点，从生产、科研、政治、当今和未来等多方面加以考虑。为此，我们应该坚持全面、历史、发展的观点，来判定档案的价值。

（一）全面的观点

在鉴定档案时，不仅要看到局部，也要看到整体，既要考虑本单位的利用，也要考虑社会的需求。机关档案鉴定存在的问题在于往往只顾及本机关的利用。

档案的作用是多方面的，我们对档案的价值评估要从其多方面作用出发，从档案之间的相互关系上分析。鉴定时，还要看到全宗之间及全宗群的联系，甚至要考虑到国家全部档案。要从把档案移交到档案馆的角度来考虑，既要考虑到进馆档案的完整性，也要考虑馆内档案的种类，避免过多的重复。

（二）历史的观点

档案本身就是历史的记录，是在一定历史条件下产生的，因此鉴定时应当用历史唯物主义的观点来分析档案的价值。根据档案产生的时代背景、具体的事件、本身的历史作用等方面来预测档案的历史价值，反对狭隘的实用主义观点。

（三）发展的观点

社会不断向前发展决定了档案的价值不断发生变化。在鉴定时，不仅要看到档案当前的作用，也要评估和预测档案在将来的作用。

七、鉴定工作中需要注意的问题

档案鉴定应当以全国统一规定的鉴定原则和标准作为依据，遵循国家规定区分档案价值的原则和标准，不能够自行其是。

档案鉴定应当考虑各方面的作用，应主要考虑凭证作用和参考作用、正面作用和反面作用，以及内容上的作用和形式上的作用。

对重要设备的档案和基建档案应当由使用设备和建筑物的机关档案部门保存复制件，原件移交到档案馆保存。

妥善解决鉴定过程中的宽与严问题。鉴定档案价值实际上是我们对档案的实际利用情况的估计和预测，所以不可能完全正确，因此在具体鉴定某一部分、某一份档案的时候，就存在宽与严的问题。"宽"指鉴定的标准放宽，多保存一些；"严"指标准严格一些，少保存一些。我们在鉴定过程中应遵守以下原则：本单位、本机关形成的档案从宽处理，外机关形成的档案从严处理；首脑机关的档案从宽处理，一般单位的档案从严处理；反映核心工作的档案从宽处理，反映一般工作的档案从严处理；中华人民共和国成立前的档案从宽处理，中华人民共和国成立后的档案从严处理；撤销机关的档案从宽处理，现行机关的档案从严处理；孤本从宽处理，复本从严处理；保存从宽处理，销毁从严处理；可存、可毁的档案要多留一段时间，从宽处理，缓期执行。

第六节　档案鉴定工作制度和组织

一、确定统一的档案鉴定原则和标准

鉴定标准：2006年底国家档案局颁布了《机关文件材料归档范围和文书档案保管期限规定》，军队系统、民主党派、企（事）业单位可以参照新规定精神制定本系统、本单位的档案保管期限。最新的文书档案保管期限表见附录3。

二、确定鉴定工作的组织领导

1. 机关文件归档时特别剔除没有保存价值的文件　剔除的文件主要参照2006年的《机关文件材料归档范围和文书档案保管期限规定》来执行。不归档的范围主要有：

（1）上级机关的文件材料中，普发性不需本机关办理的文件材料，任免、奖惩非本机关工作人员的文件材料，供工作参考的抄件等。

（2）本机关文件材料中的重份文件，无查考利用价值的事务性、临时性文件，一般性文件的历次修改稿、各次校对稿，无特殊保存价值的信封，不需办理的一般性人民来信、电话记录，机关内部互相抄送的文件材料，本机关负责人兼任外单位职务形成的与本机关无关的文件材料，有关工作参考的文件材料。

（3）同级机关的文件材料中，不需贯彻执行的文件材料，不需办理的抄送文件材料。

（4）下级机关的文件材料中，供参阅的简报、情况反映，抄报或越级抄报的文件材料。

对于不归档的文件处理：各个机关每年在归档时应当清理不归档的文件材料，并且要加强保管，不要随意堆放，以免造成泄密，需要销毁的应即时销毁（但具体哪些档案需及时销毁并未明确规定），销毁时对密级较高的文件应按照保密规定办理；一般的文件材料可以采用简便方法进行登记，经过本部门有关领导人批准后即可销毁。

2. 对归档文件要确立保管期限　应当根据2006年的期限表进行，对专门单位（地质部、煤炭部、石油部等）制订专门档案保管期限表，或者结合本机关的实际情况，编制本机关或本系统的档案保管期限表。此表要经过本机关领导审批后执行，并报同级档案行政管理部门备案。

3. 档案的销毁　机关销毁失去保存价值的档案，须由鉴定小组提出意见，登记造册，经机关分管负责人批准后，由二人在指定地点监销，并且在销毁清册上签字。情况特殊的专门档案，另有销毁规定的按照有关规定执行。档案的销毁一定要慎重。

第六章 档案的保管与检索

第一节 档案保管期限表

一、档案保管期限表的作用

（1）能够统一鉴定认识，避免人为的局限性和片面性，使鉴定有章可循。档案保管期限表虽是主观制度，但较接近于客观。

（2）能够保证鉴定工作质量。档案保管期限表是通过长期实践总结出来的。

（3）能够提高鉴定工作的效率，加快档案鉴定速度。根据档案保管期限表把档案对号入座，较为方便，速度又较快。

（4）可以防止任意销毁档案文件，维护档案的完整与安全。有保管价值的文件一般都归入了档案保管期限表。

（5）立卷时可以据此考虑文件的价值，把具有相同价值、联系密切的文件材料组合在一起，不同价值的文件材料分开组卷，保证案卷质量，为日后进馆复查打下了基础。

二、档案保管期限表的类型

档案保管期限表通常分为通用档案保管期限表、专门档案保管期限表、同系统机关档案保管期限表、同类型机关档案保管期限表和机关档案保管期限表。

三、档案保管期限的划分

（一）一般档案的保管期限

一般档案的保管期限分为永久、长期、短期。

（二）专门档案的保管期限

1.人民法院的诉讼档案　分为永久、长期（60年）、短期（30年）。刑事案件的证物不宜长期保管的至少也要保存15年；案件的结案时间从终审判决结案后的第二年算起；档案的销毁是将其中的判决书、裁定书、调解书取一份，按年度审判级别整理立卷，永久保管。

2.书稿档案　保管期限与文书档案一致。

3.会计档案　保管期限分为两种：定期（3年、5年、10年、15年、25年）和永久。保管时间是从会计年度终了后的第一天算起。会计档案中的预算、计划、制度等文件材料的保管期限和文书档案是一致的。

四、档案保管期限的划分原则

机关文书档案的保管期限定为永久、定期两种。定期一般分为 30 年、10 年。

1. 永久保管的文书档案

（1）本机关制定的法规政策性文件材料。

（2）本机关召开重要会议、举办重大活动等形成的主要文件材料。

（3）本机关职能活动中形成的重要业务文件材料。

（4）本机关关于重要问题的请示与上级机关的批复、批示，重要的报告、总结、综合统计报表等。

（5）本机关机构演变、人事任免等文件材料。

（6）本机关房屋买卖、土地征用，重要的合同协议、资产登记等凭证性文件材料。

（7）上级机关制发的属于本机关主管业务的重要文件材料。

（8）同级机关、下级机关关于重要业务问题的来函、请示与本机关的复函、批复等文件材料。

2. 定期保管的文书档案

（1）本机关职能活动中形成的一般性业务文件材料。

（2）本机关召开会议、举办活动等形成的一般性文件材料。

（3）本机关人事管理工作形成的一般性文件材料。

（4）本机关一般性事务管理文件材料。

（5）本机关关于一般性问题的请示与上级机关的批复、批示，一般性工作报告、总结、统计报表等。

（6）上级机关制发的属于本机关主管业务的一般性文件材料。

（7）上级机关和同级机关制发的非本机关主管业务但要贯彻执行的文件材料。

（8）同级机关、下级机关关于一般性业务问题的来函、请示与本机关的复函、批复等文件材料。

（9）下级机关报送的年度或年度以上计划、总结、统计、重要专题报告等文件材料。

五、档案保管期限应当注意的问题

（1）要以保存本机关形成的文件材料为重点，永久和长期卷中上、下级文件也应有一定比重，全面估计和预测对档案的需要，不能硬性划分上、本、下级文件保管期限的百分比。

（2）正确处理完整与精炼的关系，在完整的基础上求精炼，不必过于强调少而精。

（3）对档案的鉴定要相对稳定，不宜反复进行。文件鉴定后，不到期则不再次鉴定。

（4）保管期限不宜划分很精确的年度。

第二节　档案保管工作概述

一、档案保管工作的内容

档案保管工作泛指日常档案管理工作，作为档案科学管理的一项业务，有其特定含义，即根据档案的成分与状况而采取的存放与安全防护措施。档案保管工作的基本内容有三个方面：一是档案的库房管理，即库房内档案科学管理的日常工作；二是档案流动过程的保护，即档案在各个管理环节中一般的安全防护措施；三是保护档案的专门措施。对于这三方面工作，有的需要和收集、整理、利用等有关的业务项目结合进行，有的则需要单独组织开展。因此，档案的保管既是整个档案管理业务的一个方面，又是一个相对独立的工作环节。

二、档案保管工作的任务

档案保管工作的任务：建立和维护档案的存放秩序；防止档案的损坏，包括自然损坏和人为损坏；延长档案的寿命；维护档案的安全。做到"四不"：不散、不乱、不丢、不坏。

三、档案保管工作的基本要求

档案保管工作的基本要求：以防为主，防治结合；加强重点，照顾一般；自力更生，勤俭节约；立足原件，保证信息；立足长远，保证当前。

四、档案保管工作的意义

档案保管工作在整个档案工作中具有重要意义。档案保管工作质量的高低，对提高档案管理工作水平具有重大的影响，甚至在一定条件下具有决定性的影响。为档案管理工作提供物质对象，提供一个最起码、最基本的前提。

第三节　全宗的排列与档案的存放

一、全宗卷的概念

《档案馆工作通则》规定，每一个单位都要建立全宗卷，以记载立档单位和全宗的历史演变情况。全宗卷是由能够说明某一全宗历史情况的文件材料，并以全宗为单位组成的专门案卷，它是档案馆和档案室在管理某一个全宗的过程中所形成的专门案卷。

二、全宗卷建立的必要性

建立全宗卷对于管理和利用该全宗档案有一定的作用：

（1）它是对全宗内档案进行整理、鉴定、统计、提供利用，以及进一步收集该全宗范围内档案的依据，也是档案馆工作人员了解和熟悉档案情况不可缺少的一种工具，特别是对考查和利用档案具有宝贵的凭证作用和参与作用。

（2）全宗卷有助于在档案工作人员变动的情况下，缩短其他人员熟悉档案的时间，提高工作效率。在工作人员变动的情况下，可以通过查阅全宗卷了解过去管理该全宗的历史情况。

（3）全宗卷是综合利用档案的辅助工具。内容齐全的全宗卷从档案的接收开始，每一项业务工作都留有文字材料，同时还包括立档单位和全宗的历史考证，以及整理研究档案的成果。当利用者通过一般检索无法满足需要或者遇到疑难问题或者需要对档案进行综合利用时，可以通过查找全宗卷尽可能地达到自己的目的。

三、全宗卷的内容

（1）档案在接收过程中形成的文件材料，如文书处理部门向档案室（馆）移交档案时的移交目录、档案工作人员调动时的交接书。如果是从个人手中征集档案，那么除交接工具以外，还应该在文件上注明时间、内容、地点，交接双方经手人的签字，如有可能，还应包括产生征集的经过记录以及档案的来源和价值说明等。

（2）档案在整理过程中形成的文件材料，如档案整理工作方案，立档单位和全宗历史考证，整理档案时的主要要求和具体方法，以及工作程序、劳动组织等。

（3）档案在价值鉴定过程中形成的文件材料，如鉴定档案价值的材料分析报告，机关的档案保管期限表，销毁档案的请示、批复，销毁档案的清册，销毁方式及监销人等。

（4）档案在保管工作中形成的文件材料，如档案安全检查情况的记录、报告，事故发生后的处理方法、措施、结果，以及事故产生的原因及原因分析等。

（5）档案在统计过程中形成的文件材料，如机关档案室报送的定期与不定期的档案状况与数量的统计表，按照国家档案局规定的档案统计表。

（6）档案在提供利用过程中形成的文件材料，如反映全宗全面情况的全宗指南，机关工作的大事记，机关组织沿革等。

总之，全宗卷的内容可以分为两部分，一是在档案管理和提供利用过程中产生的具有凭证和记录作用的文字材料，二是对立档单位及档案内容进行研究分析所编写的材料。

四、如何建立全宗卷

全宗卷的建立是一个由少到多、由简到繁，不断积累和逐步完善的过程。首先，要把全宗卷包括的内容收集齐全，力争做到形成一份集中一份；其次，全宗的包装应用盒的形式保存起来；最后，全宗卷应按照全宗号的顺序进行排列并专柜保管。当档案移交进馆时，全宗卷也应随之一起进馆。

第四节　档案检索工作概述

一、档案检索工作的地位

档案检索就是为了查找或者获取档案信息而采取的一种逻辑系统，通过某种方法或者手段达到查找利用的目的。档案检索在档案管理工作中的地位非常重要，具体表现为：

1. 档案检索是档案管理工作的重要内容之一　如果说档案的收集、整理、保管等是将档案由分散变集中，凌乱变系统，那么检索工作就是把档案的相关信息贮存到检索工具中去，目的是供人们准确查找和利用，以发挥档案的作用。所以，档案检索直接体现了档案工作的效率。

2. 档案检索是档案提供利用的先期工作　档案室（馆）做好基础工作之后，只是为档案的提供利用创造了条件，而检索则是提供利用最直接的准备工作。可以说每条档案信息的获取都是通过检索工作来实现的，所以利用工作的好坏在一定程度上取决检索工作的好坏。

3. 档案检索是打开档案信息保护的一把钥匙，是利用档案的一个门径　一个档案室（馆）无论馆藏多么丰富，都不会自动提供利用，要使"死"材料变为"活"材料，只有通过检索才能实现。我们必须要有效利用档案检索这把钥匙。

4. 检索是提高档案室（馆）工作水平的重要手段　衡量档案室（馆）工作水平高低的一个重要标志就是看其能否给用户提供便捷的信息服务，而有效的信息服务在一定程度上建立在档案检索工作的基础上。所以，当档案室（馆）通过业务工作有了一定的发展之后，应该重视检索工作。

二、档案检索工具的作用及其种类

（一）档案检索工具的含义

档案检索工具是指用于记录、报道或者揭示档案室（馆）保存档案的内容和成分，存贮档案的线索和查找档案材料的手段，它是进行档案管理和提供利用的一种工具。

档案室（馆）能否迅速、准确、系统地提供利用，在很大程度上取决于检索工具的完备程度。因此，档案检索工具在整个档案管理工作中占有重要地位。

（二）档案检索工具的作用

（1）档案检索工具是全面揭示档案室（馆）馆藏内容与成分的重要手段，通过使用档案检索工具，可以迅速、准确地为用户提供档案信息服务，充分发挥档案的作用，从而使馆藏档案做到藏而不死，用而不乱。

（2）档案检索工具是档案室（馆）工作人员熟悉馆藏的重要手段，通过档案检索工具就可以使工作人员有计划地翻阅案卷，熟悉和了解档案内容，进而了解每个全宗的基本情况，从而做到心中有数。

（3）档案检索工具是对外宣传和报道馆藏内容，进行馆际交流的重要渠道，这样可以在一定程度上实现资源共享。

（三）档案检索工具的基本职能

（1）工作人员将有关档案材料的内容和外形特征著录下来，组成查找档案的线索，并将其系统排列，按照某种特定体系组织起来，这就是档案信息存贮在检索工具中的过程。这个过程就是把分散在各个全宗、各个案卷内的各种档案信息积累、组织、存贮。它是一个由博返约、由分散到集中、由凌乱到系统的过程。

（2）工作人员提供一定的检索手段，使人们可以按照一定的检索方法，随时从存贮的档案信息中检出所需要的档案材料，这个过程就是档案的检索过程。

任何档案的检索工具都必须具备这两个功能，即存贮和检索。两者是辩证统一的关系，存贮是检索的前提，检索是存贮的目的和反馈。

（四）档案检索工具的分类

档案检索工具的种类较多，根据不同的标准可进行不同的分类。目前比较常见的分类方法有以下四种。

1. 按编制方式分类　目录、索引、指南。

2. 按载体形式分类　书本式检索工具、卡片式检索工具、缩微检索工具、机读式检索工具。

3. 按检索范围分类　全宗范围检索工具、档案馆范围检索工具、专题范围检索工具、馆际检索工具。

4. 按检索功能分类　馆藏性检索工具、查检性检索工具、介绍性检索工具。

需要特别指出的是，随着计算机技术在档案工作中的应用，很多传统的手工式目录被计算机数据库形式所取代。它们即将退出历史舞台，但了解一下传统的目录，对建立数据库还是有帮助的。

三、档案检索工具的编制要求

编制档案检索工具是档案室（馆）业务建设的一项重要内容，对于提高档案的科学管理水平和作业水平，以及广泛开展工作具有重要作用。但是它又是一项长期的业务工作，不可能一蹴而就，这就需要我们用科学的方法和标准持之以恒地来做好这项工作，为此需明确以下要求：

（一）编制档案检索工具的计划性和科学性

1. 计划性 它是一项重要的业务建设，也是一项费力气的细致工作。编制时要根据利用需求，结合本档案室（馆）保存档案的实际状况，做到有步骤、有计划地进行，做到有的放矢；既要考虑当前的急需，又要考虑长远的利用。具体做到先急需后一般、长计划、短安排，一般采取由小到大、从简到详、相互结合、交错并举的编制原则，并逐步建立起自己的检索工具体系。

2. 科学性 指要科学地设置检索工具，做到种类适当、项目齐全、结构体系合理，检索工具相互之间要分工清楚，避免出现平行重复的现象。总而言之就是要便于使用，检索效率高。

（二）编制档案检索工具的实用性和准确性

1. 实用性 它是一项费时费力的工作，又是一项繁重而细致的工作，检索工具的使用具有高频率和广泛性的特点。因此，编制时要把质量放在首位，以其是否实用、能否发挥作用和收到多大效益为基本出发点，切忌片面追求数量，搞形式主义。

2. 准确性 即要求著录档案内容和外形特征要准确，校对要精细，力求提高档案检索工具的检出率（查出率）和检准率（查准率），减少漏检率和误检率，避免人力、物力的浪费。

（三）编制档案检索工具的规范化和标准化

我们要按照国家的各项标准体系进行编制，不得各行其准，要走规范化和标准化道路，特别要按照《国家档案著录规则》来统一著录方法、项目、格式，以便规范化和标准化检索的建设。

四、建立适用的档案检索工具体系

档案检索工具体系是多种形式、多种层次、多种结构相互之间既有明确分工，又有密切联系的有机整体。一个健全的档案检索工具体系应具备下列条件：

（1）必须由两种以上不同的检索工具组成。

（2）各种检索工具之间有明确的分工，而且相互之间还要互为补充。

（3）能从不同的角度揭示馆藏档案的内容和外形特征，可以提供较多的查找线索，具有一定检索效率。

（4）各检索工具相互之间构成一个完整的有机整体。

档案馆应该慎重稳妥地建立适用的档案检索体系。

第七章　档案的编研统计与利用

第一节　档案编研工作概述

一、档案编研工作的内容

档案室（馆）编研工作是以本室（馆）所藏档案为主要对象，以满足社会需求为目的，在研究档案内容的基础上，汇编和出版档案史料、编制档案参考资料、参与编史修志、撰写文章和著作，为此而开展的一系列工作，我们称之为编研工作。

目前我国档案编研工作的内容主要有以下四个方面。

（1）编纂，即汇编档案文集和编辑档案史料。

（2）编写各种档案参考资料。

（3）编辑档案文摘（对档案原文的缩写）。

（4）参与编史修志，撰写文章和著作。

二、档案编研工作的意义

编研工作是档案馆（室）积极主动地、系统地、广泛地深入开发档案信息资源，开展利用服务的一种重要方式。编研工作突出的特点是工作成果的研究性、提供方式的主动性、材料的系统性、作用的广泛性。它是一种较高形式、较高性能地提供利用手段。

档案编研工作的开展是提高档案馆（室）工作水平的重要途径，是保护档案原件的有效措施。档案编研工作可以较好地体现档案的价值、扩大档案的影响、促进档案事业的发展。

三、档案编研工作的特点

1.研究性　档案编研工作中"编"与"研"不是两个各自独立的概念，而是互相统一的，编中有研，研中有编。

2.思想性　档案编研不仅是对档案原件的简单照录，它必然反映编研人员的观点和认识，具有明显的思想性。

3.政策性　档案编研成果通常要在一定范围内公开使用，所以涉及许多政策和法律方面的问题需要认真注意。

四、档案编研工作中"编"与"研"的关系

如何处理二者的关系是确保档案编研工作质量的关键问题，为此我们应做到以编为主，编研结合，这是档案编研工作中我们必须遵循的重要原则。

在档案编研工作的几项内容中，应该以编纂档案史料为主，并辅以编写档案参考资料，以及进行必要的研究，这是提高档案编研成果质量的重要途径。

第二节 档案统计工作概述

一、档案统计工作的内容和任务

档案统计，就是以表册、数字的形式，揭示档案和档案工作的有关情况。内容包括档案的基本登记和综合统计两部分。从统计的对象来看，分为两方面：①对档案实体及其管理状况的统计；②对档案事业的组织与管理状况的统计。

目前，我国档案工作的基本情况统计分为四个层次：其一，全国档案工作基本情况统计；其二，专业系统档案工作情况统计；其三，地方（包括省、市、地、县各级）档案工作基本情况统计；其四，档案馆（室）档案工作情况统计。

任务是对档案和档案工作的开展情况进行统计调查、统计分析，提供统计资料，实行统计监督。

二、档案统计工作的意义、要求和步骤

1. 档案统计工作的意义 档案统计是认识档案工作的一种重要手段，可以把定性分析和定量分析结合起来；档案统计是档案事业建设的一项重要的基础工作，可以为制订档案工作的方针、政策和编制档案事业发展规划提供依据。

2. 档案统计工作的要求

（1）准确性、客观性、科学性。

（2）遵循全国统计工作现代化的要求，须达到统计指标体系完整化，统计分类标准化，统计调查工作科学化，统计基础工作规范化，统计计算和数据传输技术现代化，统计服务优质化。

3. 档案统计工作的步骤 包括统计调查、统计整理、统计分析。

三、档案的登记

（一）档案数量和状况登记

1. 案卷目录与卷内文件目录 编制目录应做到准确、全面、详细、深入。目录项

目包括顺序号、责任者、文号、题名、日期、页数或页号以及备注。

2. 档案收进登记簿　专门记录档案进入档案机构情况的一种登记形式，主要应用于档案馆和规模较大的档案室。其具体形式一般为簿册式，以档案进入档案机构的次数为单位进行登记，即每收进一次档案，无论其数量及全宗所属情况如何，都要在收进登记簿上登记为一个条目。

3. 全宗名册　档案馆和规模较大且保管了多个全宗的档案室，对其所管全宗进行逐个登记的一种形式。

4. 全宗单　详细登记每一个全宗情况的登记形式，主要应用于档案馆和保存了较多全宗的档案室。其形式为单页式。每一张全宗单登记一个全宗的详细情况。其登记内容比全宗名册要详细得多，一般分为三个部分。

5. 全宗卡片　档案行政机关要求档案馆报送的一种形式。其作用和目的是为了随时掌握各档案馆中所存档案全宗的基本情况，与"档案成分和数量变化情况报道表"结合使用。

6. 档案成分和数量变化情况报道表　档案成分和数量变化情况报道表是档案馆按要求向档案行政机关报送的一种登记形式，旨在随时报告其所管档案（以全宗为单位）的变化情况。档案行政机关根据报道内容，随时在全宗卡片上进行补充登记。

7. 案卷目录登记簿　案卷目录登记簿是对所有案卷目录进行登记的一种登记形式。主要应用于档案馆和案卷目录数量较多的档案室。其登记方法是以案卷目录的本册为单位进行登记，每一本（册）案卷目录登记为一个条目。

8. 总登记簿　全面系统地记录反映档案的收进、移出情况及档案数量变化情况的一种登记形式，主要应用于档案室。

（二）档案工作状况登记簿

1. 工作日志　许多重要的社会行业中普遍采用的一种基本工作登记形式。其作用与目的在于记录每一天的工作内容及其进程问题，积累详尽的工作原始记录，为日后的查考和总结提供素材。一般应包括日期（年、月、日、星期），时间（上午、下午或具体时刻），工作内容，工作量与进度，工作中的问题及处置情况，每周或每月的统计、小结等。

2. 人员进出库房登记　库房管理的一种具体手段，一般采用登记本形式。登记本一般应放置在库房入口处。工作人员及其他人员每次进出库房均应在登记本上登记。登记项目一般应包括日期、进出库房人员姓名、进入库房时间（时刻）、进入库房事由、出库房时间（时刻）等。

3. 档案出入库登记　库房管理的一种具体手段，一般也采用登记本形式。其具体的登记项目一般应包括档案出库的日期、时间（时刻）、档号及数量、原因（用途）、归入日期及时间（时刻）、经手人，等等。

4. 档案清点、检查登记　对档案进行定期或不定期的清点、检查过程中，以及清点、检查完毕之后所进行的登记。其登记内容应涉及清点、检查的日期，原因，清点、检查过程中所发现的情况及问题，清点、检查的结果（结论），从事清点、检查的工作人员姓名。

5. 档案利用登记簿　一种全面、系统地记录档案提供利用情况的综合性登记形式。它既是档案机构记录、掌握提供利用情况的一种登记形式，同时又是档案机构向利用者具体提供档案时履行交接手续的一种交接凭据。

6. 利用者登记卡　档案馆和规模较大的档案室对利用者进行记录、掌握的一种登记形式。

7. 档案借出登记簿　专用于对档案被借出档案机构之外的情况进行登记的一种登记形式，档案馆和档案室均可使用。

8. 档案复制、摘抄登记　专用于对在利用中被复制、摘抄情况进行登记的一种登记形式。同时具有提出复制、摘抄申请，履行批准手续和确认复制、摘抄事实的凭据性质。

9. 利用效果登记　实质上是档案机构对每一次利用的成效结果所进行的跟踪调查。这种跟踪调查性质的登记，对于档案机构调整、改进自己的工作具有重要意义。

四、档案行政管理机关和档案馆的基本统计

（一）档案构成统计

档案构成统计是档案馆全部档案材料现有数量和状况的统计。统计过程要求将档案馆内的全部档案以其来源性质分组，即分成中华人民共和国成立后档案、革命历史档案、清代以前档案、民国档案等部分，并以此说明现有档案数量和状况。

（二）档案利用统计

档案利用统计是对各种类型档案被各机关、各项工作利用的情况和程度的统计。

（三）档案工作人员情况统计

档案工作人员情况统计对于研究档案馆相关工作人员的需要量、各种干部的比例、各档案馆干部的对比分析和平衡、培训工作的安排等具有重要的作用。

（四）档案馆建设状况统计

档案馆建设状况统计是档案行政管理机关的任务之一，负责档案馆网的规划与筹建。这种统计对研究我国档案事业的发展是一种很有意义的资料。

（五）档案室建立情况统计

档案室是机关工作的重要组成部分，是现行机关档案集中保管的机构。档案行政管理机构及时了解档案室建设的情况是非常必要的，这就要对档案室的建设情况进行统计。

第三节　档案提供利用工作概述

一、档案提供利用工作的含义

档案工作的目的是发挥档案的作用，为社会各项活动服务。为了达到这一目的，必须开展一系列工作，其中根据客观需要，通过一定的方式、方法提供档案信息，为各个方面服务的工作，我们称之为档案的利用工作或者档案的提供利用。

（一）档案工作的基本内容

档案工作的基本内容主要有三点。

（1）介绍馆（室）藏的内容与成分。

（2）了解客观需求，及时向利用者介绍和报道馆藏。

（3）通过各种方式迅速准确地查找出利用者所需的档案信息，并了解利用效果。

（二）利用档案与档案的利用工作

利用档案与档案的利用工作是两个既有联系又有区别的概念。

1. 联系　有了利用档案的需要才会有档案的利用工作，有了提供利用工作才能实现对档案的利用。所以，弄清这两个概念有助于明确我们的工作职责，以便不断地提高利用效果。

2. 区别　前者是指利用者为了满足某种需要而到档案室（馆）利用档案；后者是档室（馆）为满足利用者需要而提供档案信息，它是一项为利用者服务的工作。前者是借用，后者是提供给用户使用。

二、档案提供利用工作的地位

档案提供利用工作是整个档案工作为社会各项事业服务的一种手段，直接体现了整个档案工作的目的。所以，它在整个档案工作过程中具有极其重要的作用，主要表现为：

（一）档案提供利用工作是整个档案工作的中心任务

档案提供利用体现着档案工作的目的。它是实现档案工作目的的主要手段，是整个档案工作业务环节中最重要的工作环节。我们必须把档案提供利用作为整个档案工作的出发点和归宿，所以从事其他业务工作环节时必须考虑这一目的性。

（二）档案提供利用工作直接体现了档案工作的方向和作用

它代表着整个档案工作的成果，为社会各项事业服务，同时它又直接与利用者发生关系，体现了档案工作的服务性和政治性，只有通过提供利用才能使档案工作发挥作用，否则档案就失去了保存的意义。因此利用者往往把能否快捷准确地提供利用作为衡量档案工作的尺度和标志。

（三）档案提供利用工作对整个档案工作有检验和促进作用

因为它并不是孤立进行的，要在档案的收集、整理、鉴定、保管、检索工作的编制等一系列工作有了一定的基础，提供了必要条件的情况下才能开展这项工作。如此来看，它包含了前期的一些工作成果，因此通过利用工作我们就可以对前期的各项业务工作进行有效的检验。例如，收集是否齐全、整理是否科学、鉴定是否准确、保管是否安全、检索工具的编制是否到位等。这个环节的检验比其他业务工作环节自身的检验更深刻、更全面、更具有推动作用。其具体表现为：

（1）由于提供利用工作的开展必然向其他业务部门提出相应的要求，促进该业务的开展和业务水平的提高。

（2）通过提供利用工作的实践可以获得有关档案管理的反馈信息，能够比较客观地发现其他业务工作环节的优劣，以便扬长避短，不断提高工作水平。

（3）开展提供利用工作会与广大的利用者发生千丝万缕的联系，可以说这是对档案工作最实际、最有效的宣传，对提高社会档案意识，得到各级领导和社会各界对档案工作的重视和支持，以及扩大档案工作的影响都有重要的意义。所以，它是一个富有活力的工作环节。

（四）档案提供利用工作占据主渠道作用

开展档案提供利用工作是档案管理系统输出档案、发挥档案作用、实现档案价值的主渠道。

综上可见，档案提供利用工作在整个档案工作业务活动中占有突出地位。

三、档案提供利用的途径与方式

档案提供利用的基本途径有档案原件提供利用，如建立档案阅览室、档案的暂时外借；档案复制品提供利用；根据档案内容，综合编写档案参与资料（答复咨询，撰写文章）。

档案提供利用的具体形式有八种：阅览服务，档案外借，制发档案复制本，档案证明，档案目录，档案展览，档案咨询，网络化、档案数字化环境下档案利用服务方式的变化。

四、如何做好档案提供利用工作

（一）服务思想

全心全意为广大利用者提供档案信息服务，最大限度地满足利用者的档案信息需求，全面、及时、准确、有效地为档案用户服务。

（二）正确处理提供利用与保密之间的关系

提供利用和保密从根本上是一致的。提供利用时要注意保密，保密限定了利用的对象和范围，为了更好地利用。要认真深入地审定档案内容，根据时间、地点和条件的变化情况，调整档案的密级，逐步扩大开放范围，减少烦琐的批准手续，方便广大利用者的正常利用。

注意"利用危险，保密保险"以及"历史档案无密可保"是错误思想。

五、档案用户调研工作

档案用户需求分析是通过一定的方式与方法，在深入调查、掌握用户利用需求的基础上，揭示各类用户需求特点与规律的一项业务活动。

（一）档案用户需求调研的原则

档案用户需求调研有客观性原则、针对性原则、全面性原则和服务性原则。

（二）影响档案用户的主客观因素

（1）社会因素：社会政治因素、社会经济因素、科学文化因素。

（2）档案工作因素：档案工作的方针和政策、档案管理工作的水平、档案利用服务工作的质量。

（3）档案用户自身因素对其利用需求的影响：档案用户的职业因素、档案用户的知识水平、档案用户的工作经验。

（三）档案用户需求的构成

（1）学术用户需求、实际利用需求、普遍利用需求。

（2）解决自身的社会问题或生活问题，如学历、身份、工龄、工资、土地使用权及所有权、房产等方面的问题。

（四）规律性

（1）受社会因素的影响。

（2）宣传报道对档案用户需求的影响。

（3）档案用户需求心理的求便心理。

（4）档案用户利用档案的行为结果对其以后需求行为的影响。

六、开放档案

（一）开放档案的概念

开放档案，就是将保密期限已满和可以公开的档案解除封锁、禁令和不必要的限制，向社会开放。国家允许公民经过一定的手续利用开放档案。

（二）开放档案的含义

关于档案开放的期限问题，《中华人民共和国档案法》规定，国家档案馆保存的档案一般应当自形成之日起，满30年向社会开放，经济、科技、文化类档案可以少于30年，涉及国家安全或者是重大利益以及其他到期不宜开放的档案，可以多于

30年。按规定，我们可以对保管满30年的档案进行开放，尤其是中华人民共和国成立前的档案更应该尽快开放，除极少部分档案外，都必须分期、分批按时限进行开放。

开放对象是指档案馆向哪些部门、哪些人开放的问题，实际包括对国内和国外开放两种含义。理论上讲，在国内凡是已经按规定开放的档案，一定要向党政机关、科研部门，以及社会上其他有关部门开放，同时还包括向全体公民开放，也就是说这种开放具有社会性。而对于国外，只要在坚持内外有别的原则下，对那些已经开放又无损国家利益的档案可以向外国学者开放。

档案开放方式指利用者可以通过哪些形式利用档案，以及档案馆如何公布档案的问题。档案开放应该是真正意义上的开放，而不是形式上的开放。利用者只要持有合法证明，经档案馆同意后就可以通过各种方式利用档案，而档案馆也可以通过各种方式和形式公布可以开放的档案。当然，公布档案必须经过档案所有者的授权。

（三）开放档案的意义

（1）开放档案是利用工作在档案事业改革开放形式下的新发展。因此，它是我国档案工作由封闭型向开放型转变的重要标志之一；是我国科学文化事业走向繁荣的发展的标志之一；是我们坚持实事求是的科学态度的结果；是社会进步的一种具体体现，档案开放的程度如何，在一定程度上也是衡量一个国家文明程度高低和社会是否进步的标志；是政治民主化的一种体现。

（2）开放档案是推动档案室（馆）事业发展，实现档案馆由封闭型、半封闭型向开放型转移的具有战略意义的重大举措。档案真正开放会形成巨大的冲击波，会对档案工作形成一定的压力，会促使文明从思想到实际工作进行全面的变革。这种变革必然会推动我国各级、各类档案室（馆）事业的蓬勃发展。

（3）开放档案又是开发信息资源的一种社会形式。它是档案提供利用工作适应客观需要的必然结果，也是档案提供利用工作制度的重大改革。人们可以充分享受法律赋予公民的权利，到各级各类档案馆查找自己所需要的档案信息；档案馆也可以有计划地向社会公布相关的档案。这种多渠道、多途径的档案提供利用工作的开展必将会促进档案服务新格局的形成，进而促使档案信息资源得到充分的开发和利用，对我国的社会主义事业起到积极的作用。

（4）开放档案是我们整个国家对外文化学术交流的重要组成部分，也是为我国的对外开放服务的重要方面之一。特别是对那些年代久远，无损党和国家利益的档案，应该对世界开放，特别是对外国学者开放，必定会促进我国与其他国家文化学术交流的发展。

（四）开放档案的鉴别

1. 确定开放期　分析文件的密级与保密期限的变化。

2. 开放档案鉴别工作的组织领导　成立鉴定小组，经鉴定后报本级档案行政部门批准后开放。对于把握不定的档案，鉴定小组应报本级人民政府审批。

3. 档案的解密、降密

（1）依照《各级国家档案馆馆藏档案解密和划分控制范围的暂行规定》，各级档案馆保存的涉密档案，其解密工作，由各级国家档案馆负责进行。一般原则和办法如下：

1）未进馆的 1991 年 1 月 1 日前形成的涉密档案，由各档案形成机关、单位负责解密；对馆藏将满 30 年的涉密档案，原档案形成者认为仍属国家机密的，应当自该档案届满 30 年之日前 6 个月，以文件形式通知有关的档案行政机关或档案馆；过期未通知的，由档案馆进行处置。

2）1991 年 1 月 1 日以后形成的涉密档案，未接到保密期限变更通知的，自保密期限届满之日起，即自行解密。

3）各档案馆保存的经济、科学、文化类的涉密档案，有必要提前向社会开放的，应向档案形成机关发出要求提前解密的通知，有关机关接到通知的半年内应予以答复，否则，档案馆可根据有关办理。

4）撤销机关的，由承担其职能的单位负责；如无，则由档案馆负责处理。

（2）凡涉及下属内容的档案，均应控制使用，不可开放：

1）凡对社会开放会影响党内团结、党和国家机关工作正常开展，危害国家安全、社会安定，损害国家利益的档案。

2）凡对社会开放有损于个人形象、尊严、声誉、人身安全的档案。

3）凡对社会开放会影响两党、两国政党关系及其他对外关系的档案。

4）凡对社会开放会削弱我国经济实力、科技实力的档案。

5）机关、单位及个人移交、捐赠、寄存档案时明确提出不能开放的档案。

6）其他会影响党和国家利益的，不宜对社会开放使用的档案。

（五）开放档案的公布

1. 开放档案的公布权　《中华人民共和国档案法》规定，属于国家所有的档案，由国家授权的档案馆或者个人公布；未经档案馆或者有关机关同意，任何组织和个人无权公布。

集体和个人所有的档案，档案的所有者有权公布，但必须遵守国家有关规定，不得损害国家安全和利益，不得侵犯他人的合法权益。

2. 公布档案的方式　《中华人民共和国档案法实施办法》中规定，通过报纸、刊物、图书等出版物发表；通过电台、电视台播放；陈列、展览档案或其复制件；出版发行档案史料；公开出售复制件；散发或者张贴档案复制件；在公开场合宣读、播放档案原文等。

第八章　医院文档管理

第一节　医院档案管理制度

一、归档范围

（1）医院与有关单位签订的合同、协议书等相关法律文件及各类审批文件（合同、工程的审批）。

（2）重要的会议纪要，医院的管理委员会、各委员会的讨论决议。

（3）医院与上级单位的交流文件，包括向上级单位递交的材料以及上级单位的批复文件。

（4）医院的医技人员及医疗辅助人员的任免决议、奖励以及相关的处分文件。

（5）医院的年终总结、各类重要会议的报告性文件。

（6）医院重大事迹的照片、音频影像材料等电子数据。

（7）医院人事资料，各职工入职信息、身份信息、相关资质证书。

（8）医院各项论文杂志、学术、科教资料。

（9）医院的各项材料，包括但不限于医疗机构许可证、税务登记证、营业执照。

（10）医院的患者病历、手术记录、会诊记录等相关医疗类记录。

二、归档时间

（1）各科室于每个星期对档案进行分类、总结，按统一归档要求整理立卷。

（2）每月最后一日为档案总结归类时间，各科室需要将已归纳好的档案材料统一交于各档案管理人员处。

（3）一月为总归档时间，各档案管理人员需要对全年档案汇总、梳理、排序、分类，并向医院办公室上交统一的档案汇总报告。

三、归档条件

（1）如无其他特殊情况归档材料必须是原件。归档材料如有电子材料需要一并存档，电子材料应统一归档名称。

（2）各科室的归档材料必须保证材料干净、整洁、无污染，书写规范，不能随意涂改、添加与归档材料不相关的内容。

（3）合同、协议类文件应符合医院关于合同、协议的签订标准，需要加盖公章的原件，如合同内容有修改，应注明修改内容，并经承办人签字入档。

1）医院的单次付款（收款）金额在1 000元以上的医疗材料、机器设备（产品）采购（销售）业务，均须以书面形式签订合同。

2）合同承办部门对经办的合同，经审查具备以下条件的，方可办理签约手续：①所经办合同必须先经由法务部门审核，并经院长签字确认方可签约。②依据合同性质确定合同类别，正确使用合同示范文本。

3）合同的保管：①各类合同，医院至少保留两份原件。医院办公室一份，科室负责人一份，如科室需额外保留原件，应在合同签订时明确规定份数（此项不包含劳动合同）。②合同的实施进度由经办人督促，并保证医院方于约定合同期内完成相关义务。

（4）照片、音频影像等电子数据材料需要统一拷贝，并编排文件夹。拷贝份数为两份，其中一份为母版，不提供任何人使用，另一份可供日常使用。

四、归档责任

（1）各科室必须保证档案的完整性、准确性，不得私自涂改、伪造。

（2）各部门负责人应承担起管理档案并督促各部门下属员工及时制作档案、跟进档案的义务。

（3）任何员工都不得因私用而对档案进行留用、复制、拍摄。

五、档案归档处

（1）医疗类：患者病历、手术记录等档案统一交由病案室存储。

（2）非医疗类：采购、营销、行政等档案统一交由办公室档案管理处。

（3）医院的影像资料等宣传资料：由宣传部统一管理。

（4）医院的人事材料、职工信息：由人力资源部统一管理。

（5）医院的医生资质证书由医务部统一管理，护士资质证书：由护理部统一管理。

六、档案借阅

（1）院内各部门人员需要借阅档案，须在医院各总档案负责人员处进行借阅登记。

（2）各部门人员需要借出档案时，必须出示由各部门负责人签字的《档案借出单》（可参考附件1）。借出档案时必须保证档案不污染、不破损。严禁在借阅出的档案上增改、填划、圈写。

（3）查阅、借阅档案者不得私自泄露档案内容。

（4）档案归还时，档案管理人员必须要核实验收，保证借出的档案无缺失、无损害、无修改方可入档。

七、档案库存

（1）档案入库必须要办理交接，所有档案必须要经各总档案管理人员统一核对，确定档案内容无瑕疵，质量无破损、无缺失后，所在部门负责的经办人员在《档案入库登记表》上签字（可参考附件3）。

（2）所有档案按专业类项进行保管，做到档案存放条理化、排列系统化、保管科学化，编号科学规范、标志明显、查找方便（可参考附件4）。

八、档案保密

（1）档案管理人员须严格保管档案，不得跟无关人员讨论档案内容，不允许无关人员随意翻看档案。

（2）档案管理人员应严格遵守档案接收登记制，保证一案一登，不漏登、不错登、不乱登。

（3）档案柜钥匙必须由专人保管，未经允许不得交由他人保管，不得私自配备钥匙。

（4）一般情况下，任何人不得将医院档案随意带出档案管理处，若因工作原因需要携带档案资料，携带档案员工须做好保密工作。

附件1

档案借出单

使用日期：____年____月____日		归还日期：____年____月____日	
档案名称：		使用部门：	
用途及内容：			
		共计____（份）____（页）	
用档案申请人：		部门负责人：	

附件 2

档案汇总表

___年__月__日至___年__月__日

所属部门:	档案内容（简要版）:		
档案名称:			
档案内容（详细版）: 共计____（份）____（页）			
档案经办人:	部门负责人:	档案管理员:	备注:

附件 3

档案入库登记表

档案编号	档案名称	档案内容	档案份数	所属部门	经办人签字	备注

附件 4

档案编号

序号	所属部门	档案名称	编号	备注
1	人事部	劳动合同	LDP17-RS-HT001	人力资源部负责
2	人事部	职工信息	LDP17-RS-ZX001	
3	办公室	采购合同	LDP17-BG-HT001	办公室负责
4	办公室	采购汇总	LDP17-BG-CZ001	
5	办公室	申报资料	LDP17-BG-SB001	
6	办公室	法务资料	LDP17-BG-FW001	
7	办公室	信息材料	LDP17-BG-XS001	
8	办公室	其他文件	LDP17-BG-HZ001	
9	后勤保障部	保障材料	LDP17-HQ-BZ001	
10	宣传部	宣传合同	LDP17-XC-HT001	
11	宣传部	宣传资料	LDP17-XC-XC001	宣传部负责
12	药剂科	…	…	病案室负责
13	普通血液科	…	…	
14	免疫实验室	…	…	
15	移植科	…	…	
16	病理医学科	…	…	
17	社会服务部	…	…	
18	科教部	…	…	
19	医务部	…	…	医务部
20	护理部	…	…	护理部

第二节 病案管理制度

一、病历保存管理

（1）患者住院期间，病历由病区负责保管。

（2）患者离院后，病历由病案室负责集中统一保管。

（3）病案室按档案管理规定妥善保管病历，并做好防盗、防火及防水工作，确保病历安全。

（4）各病历保管单位应采取严密保护措施，严防病历丢失。

（5）病案室对所有病历进行编号。病历编号是患者在本院就诊病历档案唯一及永久性的编号。

（6）门诊病历由患者自己保管，留观观察病历由医院保管，保存不少于15年。住院病历保存不少于30年，涉及患者个人隐私的内容应按照相关法律法规予以保密。

（7）严禁任何人涂改、伪造、隐匿及销毁病历。

二、病历书写

医师应按照国家卫生健康委员会《病历书写基本规范》《中医病历书写基本规范》《电子病历基本规范（试行）》和医院《病历书写制度》的规定书写病历。各科室须加强病历的内涵质量管理，重点是住院病历的环节质量监控，为提高医疗质量与患者安全管理持续改进提供支持。

（1）住院病历应当按照以下顺序排序：体温单、医嘱单、入院记录、病程记录、术前讨论记录、手术同意书、麻醉同意书、麻醉术前访视记录、手术安全核查记录、手术清点记录、麻醉记录、手术记录、麻醉术后访视记录、术后病程记录、病重（病危）患者护理记录、出院记录、死亡记录、输血治疗知情同意书、特殊检查（特殊治疗）同意书、会诊记录、病危（重）通知书、病理资料、辅助检查报告单、医学影像检查资料。

（2）病案应当按照以下顺序装订保存：住院病案首页、入院记录、病程记录、术前讨论记录、手术同意书、麻醉同意书、麻醉术前访视记录、手术安全核查记录、手术清点记录、麻醉记录、手术记录、麻醉术后访视记录、术后病程记录、出院记录、死亡记录、死亡病例讨论记录、输血治疗知情同意书、特殊检查（特殊治疗）同意书、会诊记录、病危（重）通知书、病理资料、辅助检查报告单、医学影像检查资料、体温单、医嘱单、病重（病危）患者护理记录。

三、病历归档管理

（1）患者出院后，主管医师应及时整理病历，由科室质控检查后，科主任签字7日内送交病案室归档保管，如延长归档时间，将按照医院有关规定给予处罚。

（2）病案室管理人员回收归档病历时，应与各临床科室认真核对后当面签收。

（3）注意检查首页病历的完整性，病历首页填写正确率在98%以上，不得对回收的病历进行任何形式修改，同时要做好疾病编码与手术名称的分类录入，依序整理装订病历，并按号排列后上架存档。

（4）各病区在收到住院患者的各种检验和检查报告单后，应在24小时内归入病历中。

（5）对已归档病历而滞留在病区的各种检验和检查报告单，病区应及时交给病案室，由病案室人员负责将检验及检查报告单粘贴和归入该患者的病历中，并登记记录。

四、病历查阅管理

（1）除为患者提供诊疗服务的医务人员，以及经卫生计生行政部门、中医药管理部门或者医疗机构授权的负责病案管理、医疗管理的部门或者人员外，其他任何机构和个人不得擅自查阅患者病历。

（2）其他医疗机构及医务人员因科研、教学需要查阅、借阅病历的，应当向医院医务科提出申请，经同意并办理相应手续后方可查阅、借阅。查阅后应当立即归还，借阅病历应当在3个工作日内归还。查阅的病历资料不得带离患者就诊的医疗机构。

（3）公安局、检察院、法院、医疗保险单位及卫生行政单位，需出具采集证据的法定证明及执行公务人员的有效身份证明经医务科核准，可以摘录病史，其他任何单位均不能借阅或复印病历。

（4）本院医师因医、教、研工作需要查阅病历者在病案室办理相关手续后，方可借阅相关病历。对死亡及有医疗争议等特定范围内的病历，需经医务科批准后借阅；本院医师不得借阅本人亲属及与本人存在利益关系的患者病历。

（5）病区和病案室不得擅自接待无相关证明手续的机构和个人查询患者的病历资料。

（6）医院职能部门因管理工作需要查阅病历的，不受份数限制，病案室应及时提供所需病历。如无特殊情况，查阅部门应在3周内归还病历。

（7）本院工作人员因工作调离、外出进修、出国等离院时，必须办妥病历归还手续，有关部门应根据病案室认可印章后，再办理相关离院手续。

五、病历复制管理

医院病案室负责受理下列人员和机构的申请，并按规定提供病历复制或者查阅服务，受理申请时，应当要求申请人提供有关证明材料，并对申请材料进行审核。

（1）患者本人或者其委托代理人。

（2）死亡患者法定继承人或者其代理人。

（3）申请人为患者本人的，应当提供其有效身份证明。

（4）申请人为患者代理人的，应当提供患者及其代理人的有效身份证明，以及代理人与患者代理关系和授权委托书。

（5）申请人为死亡患者法定继承人的，应当提供患者死亡证明、死亡患者法定继承人的有效身份证明，死亡患者与法定继承人关系的法定证明材料。

（6）申请人为死亡患者法定继承人代理人的，应当提供患者死亡证明、死亡患者法定继承人及其代理人的有效身份证明，死亡患者与法定继承人关系的法定证明材料，代理人与法定继承人代理关系的法定证明材料及授权委托书。

（7）医院可以为申请人复制门（急）诊病历和住院病历中的体温单、医嘱单、住院志（入院记录）、手术同意书、麻醉同意书、麻醉记录、手术记录、病重（病危）患者护理记录、出院记录、输血治疗知情同意书、特殊检查（特殊治疗）同意书、病理报告、检验报告等辅助检查报告单、医学影像检查资料等病历资料。

（8）公安、司法、人力资源社会保障、保险以及负责医疗事故技术鉴定的部门，因办理案件、依法实施专业技术鉴定、医疗保险审核或仲裁、商业保险审核等需要，提出审核、查阅或者复制病历资料要求的，经办人员提供以下证明材料后，医疗机构可以根据需要提供患者部分或全部病历：

1）该行政机关、司法机关、保险或者负责医疗事故技术鉴定部门出具的调取病历的法定证明。

2）经办人本人有效身份证明。

3）经办人本人有效工作证明（需与该行政机关、司法机关、保险或者负责医疗事故技术鉴定部门一致）。

4）保险机构因商业保险审核等需要，提出审核、查阅或者复制病历资料要求的，还应当提供保险合同复印件、患者本人或者其代理人同意的法定证明材料；患者死亡的，应当提供保险合同复印件、死亡患者法定继承人或者其代理人同意的法定证明材料。合同或者法律另有规定的除外。

（9）按照《病历书写基本规范》要求，病历尚未完成，申请人要求复制病历时，可以对已完成病历先行复印，在医务人员按照规定完成病历后，再对新完成部分进行复印。

（10）医院受理复制病历资料申请后，由指定医教科通知病案室，并在申请人在场的情况下复制；复制的病历资料经申请人和医教科确认无误后，加盖医院公章证明印记。

（11）医院复制病历资料，可以按照规定收取工本费。

六、病历质量管理

（1）按照本院《住院病历质量考核规定》执行。

（2）病历质量必须符合本院《住院病历质量评分表》《运行病历质量评分表》中有关的质量要求。

（3）各科主任对病历质量负全面责任。转科病历由出院科室对病历质量全面负责。

七、病历的封存与启封

（1）发生医疗纠纷争议需要封存病历时，应当在医务科、患者或者其代理人在场的情况下，对病历共同进行确认、签封。

（2）医院申请封存病历时，应当告知患者或者其代理人共同实施病历封存。但患者或者其代理人拒绝或者放弃实施病历封存的，医院可以在公证机构公证的情况下，对病历进行确认，由公证机构签封病历复制件。

（3）医务科负责封存病历的保管。

（4）封存后病历的原件可以继续记录和使用。按照《病历书写基本规范》要求，病历尚未完成，需要封存病历时，可以对已完成病历先行封存，当医师按照规定完成病历后，再对新完成部分进行封存。

（5）开启封存病历应当在签封各方在场的情况下实施。

八、法律责任

出现下列情况者，当事人承担全部法律责任：

（1）违反病案管理制度，泄露患者住院资料，造成侵犯患者隐私权者。

（2）涂改、伪造、隐匿、销毁病历资料者。

（3）抢夺病历者。

（4）遗失病历者。

第三节　员工档案管理制度

一、归档目的

医院为有效地对员工档案进行妥善保管、保守机密，同时为了维护档案材料的完整，防止档案材料损坏，便于高效、有序的利用档案材料，特制定员工档案管理制度。本制度经报批后，由人力资源部组织实施、修订或废止。

二、归档范围

员工入职档案、培训档案、绩效管理档案、异动档案、离职档案、劳动工资、决定、委托书、其他合同及协议、通知等与个人有关的具有参考价值的文件资料。

三、归档内容

（一）员工入职档案

（1）应聘登记表。

（2）应试记录。

（3）面试评估。

（4）员工入职登记表。

（5）个人证件（身份证复印件、学历学位证复印件、户口本复印件、资格证书复印件、职称复印件、机动车驾驶证复印件等，具体项视岗位而定）。

（6）劳动合同。

（二）培训档案

（1）培训合同、协议。

（2）培训相关资料及获取证书复印件。

（三）员工异动档案

（1）试用期员工转正表。

（2）任免文件。

（3）内部调动审批流程表。

（4）奖惩文件。

（四）员工离职档案

（1）辞职信。

（2）员工离职审批表。

（3）员工辞退审批表。

（4）员工离职交接表。

（5）劳动合同解除证明书。

（五）其他资料档案

劳动工资、决定、委托书、其他合同及协议、通知等与个人有关的具有参考价值的文件资料。

四、档案管理员的职责

由档案管理员负责管理员工档案，整理、收录档案资料，保证原始资料和单据齐全完整、安全保密、查阅方便。

五、档案管理相关规定

（一）基础管理

（1）原则：归档及时、排列有序、层次清楚、整理规范。

（2）新录用的员工，应及时建立档案、造册登记，并更新员工电子信息台账。

（3）档案按在职人员、离职人员分开管理，应编号、制作检索目录，文件按顺序打印编码，及时记录《在职员工档案登记台账》（附件1）、《离职员工档案登记台账》（附件2）。

（4）当在职员工的基本档案资料有变动时（学历变动、身份证信息变动、技术职称变动等），应及时将相关资料复印归档，当场查验原件。

（5）对员工进行考察、考核、培训、奖惩等形成的材料要及时收集、整理立卷，保持档案的完整。立卷归档的材料必须认真鉴别，保证材料真实、文字清楚、手续齐备。

（6）离职员工档案保存3年后方可销毁（高管及核心技术人员保留至该员工离岗8年止）。

（二）档案的查阅

（1）如因公需查阅档案，须填写《查阅员工档案审批表》（附件5），经部门负责人、人力资源部负责人、分管负责人审批。下级员工不得查阅上级员工档案，特殊情况下经部门负责人、人力资源部负责人、分管负责人、院长批准后方可办理。

（2）医院高层可直接通过档案管理员办理查阅手续。

（3）档案管理员应做好查阅登记工作，并在《员工档案查阅登记表》（附件3）签字确认。

（4）查阅档案的注意事项：

1）严禁涂改、圈划、抽取、撤换和损坏档案材料。

2）不得擅自复制（拍摄）档案内容，如因工作需要从档案中取证必须事先经人力资源部负责人、分管负责人、院长同意。

3）查阅者不得擅自泄露档案内容，违反者视情节轻重予以惩罚。

4）原则上不允许员工自带档案流动，确有需要，由档案发出方做好封口、盖章（或签字），接收方接受档案时须注意检查档案封口是否完整。

六、档案的销毁

（1）单位任何个人或部门未经允许不得销毁单位员工档案资料。

（2）当档案到销毁期时，由档案管理员填写《员工档案资料销毁审批表》（附件6），经人力资源部负责人、分管负责人、院长审批后执行。

（3）经批准销毁的员工档案，档案管理员须认真核对，将批准的《员工档案资料销毁审批表》和将要销毁的档案资料进行登记，登记的《员工档案资料销毁登记表》

（附件4）永久保存。

（4）在销毁单位员工档案资料时，必须由院长或分管负责人指定专人监督销毁。

附件1

在职员工档案登记台账

部门	档案编号	姓名	入档内容	入档日期	登记人

附件2

离职员工档案登记台账

部门	档案编号	姓名	离职日期	登记人

附件3

员工档案查阅登记表

查阅日期	档案编号	文件名称	查阅页数	查阅人	档案管理员

附件4

员工档案资料销毁登记表

销毁日期	档案编号	文件名称	销毁页数	销毁人	监督人

附件 5

查阅员工档案审批表

文件名称【文件号】		申请查阅日期	
申请查阅原因： 申请人： 年　　月　　日			
部门负责人意见： 签字： 年　　月　　日			
人力资源部负责人意见： 签字： 年　　月　　日			
分管负责人意见： 签字： 年　　月　　日			
院领导意见： 签字： 年　　月　　日			

附件 6

员工档案资料销毁审批表

文件资料名称		申请销毁日期	
申请销毁原因： 　　　　　　　　　　　　　　　　　　　　申请人： 　　　　　　　　　　　　　　　　　　　　　　年　　月　　日			
人力资源部负责人意见： 　　　　　　　　　　　　　　　　　　　　签字： 　　　　　　　　　　　　　　　　　　　　　　年　　月　　日			
分管负责人意见： 　　　　　　　　　　　　　　　　　　　　签字： 　　　　　　　　　　　　　　　　　　　　　　年　　月　　日			
院领导意见： 　　　　　　　　　　　　　　　　　　　　签字： 　　　　　　　　　　　　　　　　　　　　　　年　　月　　日			

第四节 其他制度

一、医院医疗设备档案管理制度

（1）大型精密仪器（万元以上）均应建立技术档案，设备科要有专人管理（或兼管）。

（2）技术档案的内容包括设备购买申请单、审批文件、购前可行性论证、订货合同、发票复印件、验收记录、许可证或免税证明等资料。

（3）设备验收后应立即建档。填写要做到书写工整、字迹清楚。每年年底移交医院档案室。并做好移交记录。

二、医院档案室管理制度

（1）档案室为机要重地，非本室工作人员、未经许可人员，一律不得入内。

（2）保持档案库房清洁干净，档案柜排列整齐有序，严禁室内堆放杂物。

（3）贯彻"以防为主，防治兼施"的方针，采取相应措施，做好防盗、防潮、防光、防鼠、防虫、防尘、防污染等项工作，确保档案安全、持久。

（4）档案库房内必须配备适当的消防器材，严禁存放易燃易爆物品。

（5）档案室严禁烟火，室内严禁吸烟。

（6）严格按安全规定使用电器设备，离开档案室时要随手关灯，关好门窗。

（7）定期检查档案室安全管理状况，发现问题及时报告，及时采取改进措施。

机关文件材料归档范围和文书档案保管期限规定

第一条 为便于各级党政机关和人民团体（以下统称机关）正确界定文件材料归档范围，准确划分档案保管期限，使所保存的档案既能反映机关主要职能活动情况，维护其历史面貌，又便于保管和利用，根据《中华人民共和国档案法》《中华人民共和国档案法实施办法》，制定本规定。

第二条 本规定中的机关文件材料是指机关在其工作活动过程中形成的各种门类和载体的历史记录。

第三条 机关文件材料归档范围是：

（一）反映本机关主要职能活动和基本历史面貌的，对本机关工作、国家建设和历史研究具有利用价值的文件材料；

（二）机关工作活动中形成的在维护国家、集体和公民权益等方面具有凭证价值的文件材料；

（三）本机关需要贯彻执行的上级机关、同级机关的文件材料；下级机关报送的重要文件材料；

（四）其他对本机关工作具有查考价值的文件材料。

第四条 机关文件材料不归档范围是：

（一）上级机关的文件材料中，普发性不需本机关办理的文件材料，任免、奖惩非本机关工作人员的文件材料，供工作参考的抄件等；

（二）本机关文件材料中的重份文件，无查考利用价值的事务性、临时性文件，一般性文件的历次修改稿、各次校对稿，无特殊保存价值的信封，不需办理的一般性人民来信、电话记录，机关内部互相抄送的文件材料，本机关负责人兼任外单位职务形成的与本机关无关的文件材料，有关工作参考的文件材料；

（三）同级机关的文件材料中，不需贯彻执行的文件材料，不需办理的抄送文件材料；

（四）下级机关的文件材料中，供参阅的简报、情况反映，抄报或越级抄报的文件材料。

第五条 凡属机关归档范围的文件材料，必须按有关规定向本机关负责档案工作的部门移交，实行集中统一管理，任何个人不得据为己有或拒绝归档。

第六条　机关文书档案的保管期限定为永久、定期两种。定期一般分为 30 年、10 年。

第七条　永久保管的文书档案主要包括：

（一）本机关制定的法规政策性文件材料；

（二）本机关召开重要会议、举办重大活动等形成的主要文件材料；

（三）本机关职能活动中形成的重要业务文件材料；

（四）本机关关于重要问题的请示与上级机关的批复、批示，重要的报告、总结、综合统计报表等；

（五）本机关机构演变、人事任免等文件材料；

（六）本机关房屋买卖、土地征用，重要的合同协议、资产登记等凭证性文件材料；

（七）上级机关制发的属于本机关主管业务的重要文件材料；

（八）同级机关、下级机关关于重要业务问题的来函、请示与本机关的复函、批复等文件材料。

第八条　定期保管的文书档案主要包括：

（一）本机关职能活动中形成的一般性业务文件材料；

（二）本机关召开会议、举办活动等形成的一般性文件材料；

（三）本机关人事管理工作形成的一般性文件材料；

（四）本机关一般性事务管理文件材料；

（五）本机关关于一般性问题的请示与上级机关的批复、批示，一般性工作报告、总结、统计报表等；

（六）上级机关制发的属于本机关主管业务的一般性文件材料；

（七）上级机关和同级机关制发的非本机关主管业务但要贯彻执行的文件材料；

（八）同级机关、下级机关关于一般性业务问题的来函、请示与本机关的复函、批复等文件材料；

（九）下级机关报送的年度或年度以上计划、总结、统计、重要专题报告等文件材料。

第九条　机关形成的人事、基建、会计及其他专门文件材料的归档范围和档案保管期限，按国家有关规定执行。

第十条　机关对应归档电子文件的元数据、背景信息等要进行相应归档。

机关应归档纸质文件材料中，有文件发文稿纸、文件处理单的，应与文件正本、定稿一并归档。

第十一条　机关联合召开会议、联合行文所形成的文件材料原件由主办机关归档，其他机关将相应的复制件或其他形式的副本归档。

第十二条　各机关应根据本规定，结合本机关职能和各部门工作实际，编制本机关的文件材料归档范围和文书档案保管期限表，经同级档案行政管理部门审查同意后执行。

有垂直领导关系的中央、国家机关应依据本规定，结合本系统工作实际，编制本系统的文件材料归档范围和文书档案保管期限表，并经国家档案局审查同意后执行。

第十三条　在编制本机关或本系统文件材料归档范围和文书档案保管期限表时，应全面分析和鉴别本机关或本系统文件材料的现实作用和历史作用，准确界定文件材料的归档范围和划分档案保管期限。

第十四条　本规定适用于各级党政机关和人民团体。军队系统、民主党派、企业事业单位可参照执行。

第十五条　本规定自颁布之日起施行，1987年颁发的《国家档案局关于机关档案保管期限的规定》和《机关文件材料归档和不归档的范围》同时废止。

归档文件整理规则（DA/T 22-2015）

中华人民共和国档案行业标准 DA/T 22-2015

2015 年 10 月 25 日国家档案局发布，2016 年 6 月 1 日起实施

1 范围

本标准规定了应作为文书档案保存的归档文件的整理原则和方法。

本标准适用于各级机关、团体、企事业单位和其他社会组织对应作为文书档案保存的归档文件的整理。其他门类档案可以参照执行。企业单位有其他特殊规定的，从其规定。

2 规范性引用文件

下列文件对于本文件的应用是必不可少的。凡是注日期的引用文件，仅所注日期的版本适用于本文件。凡是不注日期的引用文件，其最新版本（包括所有的修改单）适用于本文件。

GB/T 18894 电子文件归档与管理规范

DA/T 1-2000 档案工作基本术语

DA/T 13-1994 档号编制规则

DA/T 25-2000 档案修裱技术规范

DA/T 38-2008 电子文件归档光盘技术要求和应用规范

3 术语和定义

下列术语和定义适用于本标准。

3.1 归档文件 archival document（s）

立档单位在其职能活动中形成的、办理完毕、应作为文书档案保存的文件材料，包括纸质和电子文件材料。

3.2 整理 arrangement

将归档文件以件为单位进行组件、分类、排列、编号、编目等（纸质归档文件还包括修整、装订、编页、装盒、排架；电子文件还包括格式转换、元数据收集、归档数据包组织、存储等），使之有序化的过程。

3.3 件 item

归档文件的整理单位。

3.4 档号 archival code

在归档文件整理过程中赋予其的一组字符代码，以体现归档文件的类别和排列顺序。

4 整理原则

4.1 归档文件整理应遵循文件的形成规律，保持文件之间的有机联系。

4.2 归档文件整理应区分不同价值，便于保管和利用。

4.3 归档文件整理应符合文档一体化管理要求，便于计算机管理或计算机辅助管理。

4.4 归档文件整理应保证纸质文件和电子文件整理协调统一。

5 一般要求

5.1 组件（件的组织）

5.1.1 件的构成

归档文件一般以每份文件为一件。正文、附件为一件；文件正本与定稿（包括法律法规等重要文件的历次修改稿）为一件；转发文与被转发文为一件；原件与复制件为一件；正本与翻译本为一件；中文本与外文本为一件；报表、名册、图册等一册（本）为一件（作为文件附件时除外）；简报、周报等材料一期为一件；会议纪要、会议记录一般一次会议为一件，会议记录一年一本的，一本为一件；来文与复文（请示与批复、报告与批示、函与复函等）一般独立成件，也可为一件。有文件处理单或发文稿纸的，文件处理单或发文稿纸与相关文件为一件。

5.1.2 件内文件排序

归档文件排序时，正文在前，附件在后；正本在前，定稿在后；转发文在前，被转发文在后；原件在前，复制件在后；不同文字的文本，无特殊规定的，汉文文本在前，少数民族文字文本在后；中文本在前，外文本在后；来文与复文作为一件时，复文在前，来文在后。有文件处理单或发文稿纸的，文件处理单在前，收文在后；正本在前，发文稿纸和定稿在后。

5.2 分类

5.2.1 立档单位应对归档文件进行科学分类，同一全宗应保持分类方案的一致性和稳定性。

5.2.2 归档文件一般采用年度—机构（问题）—保管期限、年度—保管期限—机构（问题）等方法进行三级分类。

a）按年度分类

将文件按其形成年度分类。跨年度一般应以文件签发日期为准。对于计划、总结、预算、统计报表、表彰先进以及法规性文件等内容涉及不同年度的文件，统一按文件签发日期判定所属年度。跨年度形成的会议文件归入闭幕年。跨年度办理的文件归入办结年。当形成年度无法考证时，年度为其归档年度，并在附注项加以说明。

b）按机构（问题）分类

将文件按其形成或承办机构（问题）分类。机构分类法与问题分类法应选择其一适用，不能同时采用。采用机构分类的，应根据文件形成或承办机构对归档文件进行分类，涉及多部门形成的归档文件，归入文件主办部门。采用问题分类的，应按照文件内容所反映的问题对归档文件进行分类。

c）按保管期限分类

将文件按划定的保管期限分类。

5.2.3 规模较小或公文办理程序不适于按机构（问题）分类的立档单位，可以采取年度—保管期限等方法进行两级分类。

5.3 排列

5.3.1 归档文件应在分类方案的最低一级类目内，按时间结合事由排列。

5.3.2 同一事由中的文件，按文件形成先后顺序排列。

5.3.3 会议文件、统计报表等成套性文件可集中排列。

5.4 编号

5.4.1 归档文件应依分类方案和排列顺序编写档号。档号编制应遵循唯一性、合理性、稳定性、扩充性、简单性原则。

5.4.2 档号的结构宜为：全宗号–档案门类代码·年度–保管期限–机构（问题）代码–件号。

上、下位代码之间用"–"连接，同一级代码之间用"·"隔开。如"Z109–WS·2011–Y–BGS–0001"。

5.4.3 档号按照以下要求编制：

a）全宗号：档案馆给立档单位编制的代号，用4位数字或者字母与数字的结合标识，按照DA/T13–1994编制。

b）档案门类代码·年度：归档文件档案门类代码由"文书"2位汉语拼音首字母"WS"标识。年度为文件形成年度，以4位阿拉伯数字标注公元纪年，如"2013"。

c）保管期限：保管期限分为永久、定期30年、定期10年，分别以代码"Y""D30""D10"标识。

d）机构（问题）代码：机构（问题）代码采用3位汉语拼音字母或阿拉伯数字标识，如办公室代码"BGS"等。归档文件未按照机构（问题）分类的，应省略机构（问题）代码。

e）件号：件号是单件归档文件在分类方案最低一级类目内的排列顺序号，用

4 位阿拉伯数字标识，不足 4 位的，前面用 "0" 补足，如 "0026"。

5.4.4 归档文件应在首页上端的空白位置加盖归档章并填写相关内容。电子文件可以由系统生成归档章样式或以条形码等其他形式在归档文件上进行标识。

5.4.5 归档章应将档号的组成部分，即全宗号、年度、保管期限、件号，以及页数作为必备项，机构（问题）可以作为选择项。归档章中全宗号、年度、保管期限、件号、机构（问题）按照 5.4.3 编制，页数用阿拉伯数字标识。为便于识记，归档章保管期限也可以使用 "永久" "30 年" "10 年" 简称标识，机构（问题）也可以用 "办公室" 等规范化简称标识。

5.5 编目

5.5.1 归档文件应依据档号顺序编制归档文件目录。编目应准确、详细，便于检索。

5.5.2 归档文件应逐件编目。来文与复文作为一件时，对复文的编目应体现来文内容。归档文件目录设置序号、档号、文号、责任者、题名、日期、密级、页数、备注等项目。

　　a）序号：填写归档文件顺序号。

　　b）档号：档号按照 5.4.2–5.4.3 编制。

　　c）文号：文件的发文字号。没有文号的，不用标识。

　　d）责任者：制发文件的组织或个人，即文件的发文机关或署名者。

　　e）题名：文件标题。没有标题、标题不规范，或者标题不能反映文件主要内容、不方便检索的，应全部或部分自拟标题，自拟内容外加方括号 "[ ]"。

　　f）日期：文件的形成时间，以国际标准日期表示法标注年月日，如 19990909。

　　g）密级：文件密级按文件实际标注情况填写。没有密级的，不用标识。

　　h）页数：每一件归档文件的页面总数。文件中有图文的页面为一页。

　　i）备注：注释文件需说明的情况。

5.5.3 归档文件目录推荐由系统生成或使用电子表格进行编制。目录表格采用 A4 幅面，页面宜横向设置。

5.5.4 归档文件目录除保存电子版本外，还应打印装订成册。装订成册的归档文件目录，应编制封面。封面设置全宗号、全宗名称、年度、保管期限、机构（问题），其中全宗名称即立档单位名称，填写时应使用全称或规范化简称。归档文件目录可以按年装订成册，也可每年区分保管期限装订成册。

6 纸质归档文件的修整、装订、编页、装盒和排架

6.1 修整

6.1.1 归档文件装订前，应对不符合要求的文件材料进行修整。

6.1.2 归档文件已破损的，应按照 DA/T 25–2000 予以修复；字迹模糊或易退变的，应予复制。

6.1.3 归档文件应按照保管期限要求去除易锈蚀、易氧化的金属或塑料装订用品。

6.1.4 对于幅面过大的文件，应在不影响其日后使用效果的前提下进行折叠。

6.2 装订

6.2.1 归档文件一般以件为单位装订。归档文件装订应牢固、安全、简便，做到文件不损页、不倒页、不压字，装订后文件平整，有利于归档文件的保护和管理。装订应尽量减少对归档文件本身影响，原装订方式符合要求的，应维持不变。

6.2.2 应根据归档文件保管期限确定装订方式，装订材料与保管期限要求相匹配。为便于管理，相同期限的归档文件装订方式应尽量保持一致，不同期限的装订方式应相对统一。

6.2.3 用于装订的材料，不能包含或产生可能损害归档文件的物质。不使用回形针、大头针、燕尾夹、热熔胶、办公胶水、装订夹条、塑料封等装订材料进行装订。

6.2.4 永久保管的归档文件，宜采取线装法装订。页数较少的，使用直角装订或缝纫机轧边装订，文件较厚的，使用"三孔一线"装订。永久保管的归档文件，使用不锈钢订书钉或糨糊装订的，装订材料应满足归档文件长期保存的需要。

6.2.5 永久保管的归档文件，不使用不锈钢夹或封套装订。

6.2.6 定期保管的、需要向综合档案馆移交的归档文件，装订方式按照 6.2.4–6.2.5 执行。定期保管的、不需要向综合档案馆移交的归档文件，装订方式可以按照 6.2.4 执行，也可以使用不锈钢夹或封套装订。

6.3 编页

6.3.1 纸质归档文件一般应以件为单位编制页码。

6.3.2 页码应逐页编制，宜分别标注在文件正面右上角或背面左上角的空白位置。

6.3.3 文件材料已印制成册并编有页码的；拟编制页码与文件原有页码相同的，可以保持原有页码不变。

6.4 装盒

将归档文件按顺序装入档案盒，并填写档案盒盒脊及备考表项目。不同年度、机构（问题）、保管期限的归档文件不能装入同一个档案盒。

6.4.1 档案盒

6.4.1.1 档案盒封面应标明全宗名称。档案盒的外形尺寸为 310mm × 220mm（长 × 宽），盒脊厚度可以根据需要设置为 20 mm、30mm、40mm、50mm 等。

6.4.1.2 档案盒应根据摆放方式的不同，在盒脊或底边设置全宗号、年度、保管期限、起止件号、盒号等必备项，并可设置机构（问题）等选择项。其中，起止件号填写盒内第一件文件和最后一件文件的件号，起件号填写在上格，止件号填写在下格；盒号即档案盒的排列顺序号，按进馆要求在档案盒盒脊或底边编制。

6.4.1.3 档案盒应采用无酸纸制作。

6.4.2 备考表

备考表置于盒内文件之后，项目包括盒内文件情况说明、整理人、整理日期、检查人、检查日期。

　　a）盒内文件情况说明：填写盒内文件缺损、修改、补充、移出、销毁等情况。

　　b）整理人：负责整理归档文件的人员签名或签章。

　　c）整理日期：归档文件整理完成日期。

　　d）检查人：负责检查归档文件整理质量的人员签名或签章。

　　e）检查日期：归档文件检查完毕的日期。

6.5 排架

6.5.1 归档文件整理完毕装盒后，上架排列方法应与本单位归档文件分类方案一致，排架方法应避免频繁倒架。

6.5.2 归档文件按年度—机构（问题）—保管期限分类的，库房排架时，每年形成的档案按机构（问题）序列依次上架，便于实体管理。

6.5.3 归档文件按年度—保管期限—机构（问题）分类的，库房排架时，每年形成的档案按保管期限依次上架，便于档案移交进馆。

7 归档电子文件的整理要求

7.1 归档电子文件组件（件的组织）、分类、排列、编号、编目，应符合本《规则》"5 一般要求"的规定。

7.2 归档电子文件的格式转换、元数据收集、归档数据包组织、存储等整理要求，参照《数字档案室建设指南》（2014 年）、GB/T 18894、DA/T 48、DA/T 38 等标准执行。

7.3 归档电子文件整理，应使用符合《数字档案室建设指南》（2014 年）、GB/T 18894 等标准的应用系统。

文书档案保管期限表

1 本级党的代表大会、人民代表大会、政治协商会议，工会、共青团、妇联代表大会的文件材料

1.1 请示、批复、通知、名单、议程、报告、领导人讲话、选举结果、讨论通过的文件、决议、纪要、公报、主席团会议记录等文件材料 永久

1.2 大会发言，人大代表建议和意见、人大议案及答复，政协委员提案及办理结果，简报，快报 永久

1.3 重要的贺信、贺电，筹备工作、选举过程中形成的文件，小组会议记录、会议服务机构的计划、总结等文件材料 30年

1.4 讨论未通过的文件 10年

2 本级党委、人民代表大会、政治协商会议、纪律检查委员会、共青团、工会、妇联的常委会、执委会、主席团、全体委员会会议，政府常务会、办公会议的文件材料

2.1 公报、决议、决定、记录、纪要、议程、领导人讲话、讨论通过的文件、参加人员名册 永久

2.2 讨论未通过的文件 10年

3 本机关党组（或实行党委制的党委）会议和行政办公会的纪要、会议记录 永久

4 本机关召开工作会议、专题会议的文件材料

4.1 请示、批复、通知、名单、日程、报告、讲话、总结、决议、决定、纪要 永久

4.2 典型材料、代表发言材料、交流材料、简报 30年

5 机关联合召开会议的文件材料

5.1 本机关为主办的

5.1.1 请示、批复、通知、名单、日程、报告、讲话、总结、决议、决定、纪要 永久

5.1.2 典型材料、代表发言材料、交流材料、简报 30年

5.2 本机关为协办的

5.2.1 请示、批复、通知、名单、日程、报告、讲话、总结、决议、决定、纪要的复制件或副本 30年

5.2.2 典型材料、代表发言材料、交流材料、简报的复制件或副本 10年

6 本机关承办国际性会议、大型展览会、博览会的文件材料

6.1 请示、批复、申办和筹办组委会主要活动安排、议程、名单、主报告（原文及译文）、辅助报告（原文及译文），上级领导人贺词、题词、讲话，会徽设计 永久

6.2 代表发言材料、交流材料、简报、新闻报道 30年

6.3 委员会、分会会议和学术会的讨论记录，会议代表登记表、接待安排 10年

7 上级机关、上级领导检查、视察本地区、本机关工作时形成的文件材料

7.1 重要的 永久

7.2 一般的 30年

7.3 本地区、本机关工作汇报材料 30年

8 本机关业务文件材料

8.1 本机关制定的方针政策性、法规性、普发性业务文件，中长期规划、纲要等文件材料 永久

8.2 本机关的请示与上级机关的批复、批示

8.2.1 重要业务问题的 永久

8.2.2 一般业务问题的 30年

8.3 同级机关、下级机关的来函、请示与本机关的复函、批复等文件材料

8.3.1 重要业务问题的 永久

8.3.2 一般业务问题的 30年

8.4 本机关代上级机关起草并被采用的重要法规性文件、专项业务文件的最后草稿 30年

8.5 机关联合行文的文件材料

8.5.1 本机关为主办的

8.5.1.1 重要业务问题的 永久

8.5.1.2 一般业务问题的 30年

8.5.2 本机关为协办的

8.5.2.1 重要业务问题的 30年

8.5.2.2 一般业务问题的 10年

8.6 本机关编辑、编写的文件材料

8.6.1 大事记、组织沿革等 永久

8.6.2 简报、情况反映、工作信息等 10年

8.7 行政管理、执法活动中形成的文件材料

8.7.1 行政管理工作制度、程序、规定等文件材料 永久

8.7.2 执法检查情况汇总、通报，整改通知等 永久

8.7.3 行政管理工作中形成的审批、审查、核准等文件材料

8.7.3.1 固定资产投资、科技计划等项目的审批（核准）、管理、验收（评估）等文件材料 永久

8.7.3.2 不动产、自然资源的所有权、使用权确认的文件材料 永久

8.7.3.3 20 年（含）以上有效或未注明有效期的许可证、执照、资质证、资格证等的审批、管理文件材料 永久

8.7.3.4 20 年以下有效的许可证、执照、资质证、资格证等的审批、管理文件材料 30 年

8.7.4 行政管理工作中形成的备案文件材料 10 年

8.7.5 行政处罚、处分、复议、国家赔偿等工作中形成的文件材料

8.7.5.1 重要的 永久

8.7.5.2 一般的 30 年

8.8 计划、总结、统计、调研等方面的文件材料

8.8.1 年度和年度以上的计划、总结、统计材料 永久

8.8.2 年度以下的计划、总结、统计材料 10 年

8.8.3 重要职能活动的总结、重要专题的调研材料 永久

8.8.4 一般活动的总结、一般问题的调研材料 10 年

8.9 出国或出境访问考察、参加国际会议，接待来访等外事活动形成的文件材料

8.9.1 发表的公报，签订的协议、协定、备忘录，重要的会谈记录、纪要等 永久

8.9.2 出国审批手续、执行日程、考察报告、一般性会谈记录 30 年

9 本机关机构编制、干部人事、党、团、纪检、工会、保卫、信访工作文件材料

9.1 机构设置、机构撤并、名称更改、组织简则、人员编制、印信启用和作废等文件材料 永久

9.2 人事工作制度、规定、办法等文件 30 年

9.3 人事任免文件 永久

9.4 先进单位、劳动模范、先进工作者的文件材料

9.4.1 受县级（含）以上表彰、奖励的 永久

9.4.2 受县级以下表彰、奖励的 30 年

9.5 对本机关有关人员的处分材料

9.5.1 受到警告（不含）以上处分的 永久

9.5.2 受到警告处分的 30 年

9.6 职工录用、转正、聘任、调资、定级、停薪留职、辞职、离退休、死亡、抚恤等文件材料 永久

9.7 人事考核、职称评审工作文件材料 永久

9.8 职工调动工作的行政、工资、党团组织关系的介绍信及存根 永久

9.9 职工名册 永久

9.10 党、团、工会工作活动中形成的文件材料

9.10.1 工作报告、总结，换届选举结果 永久

9.10.2 重要专项活动的报告、总结等 永久

9.10.3 党团员、工会会员名册，批准加入党团、工会组织的文件材料 永久

9.10.4 情况反映、工作简报 10 年

9.11 纪检、监察工作中形成的综合性报告、调查材料

9.11.1 重要的 永久

9.11.2 一般的 30 年

9.12 保卫部门的安全检查、调查记录 10 年

9.13 本机关处理人民来信来访的文件材料

9.13.1 有领导重要批示和处理结果的 永久

9.13.2 其他有处理结果的 30 年

10 本机关事务管理文件材料

10.1 房产、土地所有权和使用权的文件材料 永久

10.2 与有关单位签订的合同、协定、协议、议定书等文件材料

10.2.1 重要的 永久

10.2.2 一般的 10 年

10.3 接待工作的计划、方案

10.3.1 重要的 30 年

10.3.2 一般的 10 年

10.4 机关财务预算 30 年

10.5 机关物资（办公设备及用品、机动车等）采购计划、审批手续、招标投标、购置等文件材料，机动车调拨、保险、事故、转让等文件材料 30 年

10.6 国有资产管理（登记、统计、核查清算、交接等）文件材料

10.6.1 重要的 永久

10.6.2 一般的 10 年

10.7 职工承租、购置本单位住房的合同、协议和有关手续 永久

10.8 职工住房分配、出售的规定、方案、细则，职工住房情况统计、调查表、职工住房申请 30 年

11 上级机关制发的文件材料

11.1 上级机关制发的属于本机关主管业务的文件材料

11.1.1 重要的 永久

11.1.2 一般的 10年

11.2 上级机关制发的非本机关主管业务但要贯彻执行的文件材料 10年

11.3 上级机关制发的关于本机关机构设置、领导人任免、人员编制等文件材料 永久

12 同级机关制发的非本机关主管业务但要贯彻执行的文件材料 10年

13 下级机关报送的文件材料

13.1 重大问题的专题报告 30年

13.2 年度和年度以上的计划、总结、统计材料 10年

参 考 文 献

［1］贺军，陈祖芬. 秘书文档管理［M］. 大连：大连理工大学出版社，2013.

［2］施晔红. 企业文书与档案管理实务［M］. 武汉：武汉大学出版社，2011.

［3］周萍，李铮，赵春梅. 档案管理与信息统计［M］. 北京：中国纺织出版社，2018.

［4］周三多，陈传明，刘子馨，等. 管理学——原理与方法［M］. 上海：复旦大学出版社，2018.

［5］黄世喆. 档案管理学［M］. 北京：高等教育出版社，2016.

［6］崔彩英. 论加强县级档案工作的必要性［J］. 档案天地，2014（S1）：3.

［7］机关文件材料旧档范围和文书档案保管期限规定. 机关文件材料归档范围和文书档案保管期限规定［J］. 中国档案，2007（01）：5-7.

［8］王志伟. 论档案馆文化功能实现的对策［D］. 河北大学

［9］陈晔. 快乐学院管理［J］. 管理学家，2011，000（008）：2.

［10］安雪慧. 教育研究的文献计量法［J］. 上海教育科研，2000（4）：4.

［11］陈姿含. 医疗服务合同研究［D］. 西南政法大学，2019.

［12］吴艳红. 如何做好档案鉴定［J］. 赤子，2016（1）：1.